■■ 马克思主义理论研究和建设工程重大项目

人民政协思想研究

张建　朱光磊 ／主编

天津出版传媒集团

天津人民出版社

图书在版编目(CIP)数据

周恩来人民政协思想研究 / 张建, 朱光磊主编. --
天津 : 天津人民出版社, 2017.12
　　ISBN 978-7-201-12805-4

　　Ⅰ. ①周… Ⅱ. ①张… ②朱… Ⅲ. ①周恩来(
1898-1976)—思想评论②中国人民政治协商会议—学习参
考资料 Ⅳ. ①K827=7②D627

中国版本图书馆 CIP 数据核字(2017)第 313381 号

周恩来人民政协思想研究
ZHOUENLAI RENMIN ZHENGXIE SIXIANG YANJIU

出　　版	天津人民出版社
出 版 人	黄　沛
地　　址	天津市和平区西康路35号康岳大厦
邮政编码	300051
邮购电话	(022)23332469
网　　址	http://www.tjrmcbs.com
电子信箱	tjrmcbs@126.com

策划编辑	王　康
责任编辑	林　雨
特约编辑	王　倩
装帧设计	王　烨

印　　刷	高教社(天津)印务有限公司
经　　销	新华书店
开　　本	787×1092毫米 1/16
印　　张	16.25
插　　页	2
字　　数	150千字
版次印次	2017年12月第1版　2017年12月第1次印刷
定　　价	56.00元

前　言

　　周恩来是以毛泽东同志为核心的党的第一代中央领导集体的重要成员,是党的统一战线政策的积极倡导者、坚定执行者和大力推动者,是人民政协的主要筹建人。中华人民共和国成立后,周恩来长期担任全国政协主席(第一届时为副主席,负责具体工作),为开创和推动人民政协事业呕心沥血,做出了不可磨灭的历史贡献。周恩来有关人民政协的精辟论述,蕴含着丰富的实践工作经验、高超的统战工作智慧、深邃的民主合作思想,是统一战线和人民政协事业的重要思想宝库。

　　人民政协是革命战争时期党的统一战线在中华人民共和国成立后的组织形式,是制度化的统一战线。周恩来在长期领导、推动统一战线和人民政协工作中,成功地运用党有关统一战线路线、方针、政策,对人民政协的性质、地位、职能、组织构成和工作方法进行了系统论述,形成了一系列有关人民政协的重要思想观点。周恩来人民政协思想是老一辈中国共产党人创造性地运用马克思列宁主义统一战线理论、政党理论、民主政治理论解决中国问题的重要成果,是对毛泽东人民政协思想的丰富和发展,是毛泽东思想的组成部分。

本书以周恩来有关人民政协的重要论述为主要研究对象,从中分析总结周恩来有关人民政协的思想体系。全书分为七章:第一章分析周恩来人民政协思想的实践基础与理论渊源;第二章从总体上考察周恩来对人民政协这一组织的性质、地位、任务的认识;第三、四章分别阐述周恩来关于民主协商和民主监督的思想与实践;第五章从系统内部运行的角度,分析在周恩来主持下人民政协内部的组织构成和工作机制;第六章阐释周恩来关于人民政协应如何坚持党的领导的思想观点;第七章总括全篇,分析总结周恩来人民政协思想的理论意义和现实意义。

周恩来认为,新民主主义与旧的资产阶级民主的重要区别,就在于事前的充分协商。人民政协是重要的协商机构。在全国人民代表大会召开后,人民政协仍将以统一战线的组织形式而存在,国家大政方针仍要经过人民政协进行协商。这就明确了人民政协在国家政治体制中的功能定位。同时倡导"两会"同时召开,指出人大、政协只有权力之分,无高低之别,成为"两会"机制的形成和发展的源头。周恩来敏锐地认识到社会主义国家所掌握的专政权力虽然建立在民主的基础上,但是它的权力非常大且集中,为了不脱离群众,必须有人来监督这个权力。政治协商会议可以和国家行政机关唱"对台戏",起到监督作用。这为人民政协更好地履行民主监督职能指明了方向。

周恩来强调人民政协的组成要遵循严肃性、广泛性和代表性的原则,为政协系统的组建和工作运行奠定了良好的基础。周恩来提出了人民政协中党组活动必须坚持的方针，为中共党组在政协工作中发挥领导核心作用，提供了重要保障。

周恩来人民政协思想的精髓可以被概括为合作思维、民主理念、协商精神、和谐哲学、整体利益至上原则等，它体现了中国特色社会主义政治发展的基本要求，是中国特色社会主义政治发展的重要思想源泉之一。

六十多年来，人民政协与国家和民族同呼吸、共命运，走过了光辉的奋斗历程，留下了宝贵的历史经验。学习和研究周恩来人民政协思想，总结人民政协早期发展经验，可以为我们发展中国特色社会主义民主政治、发挥人民政协作为社会主义协商民主的重要渠道和专门协商机构的作用，实现党的十九大提出的建设中国特色社会主义民主政治的目标任务，提供可靠的历史经验和重要的思想启迪。

目　录

第一章

周恩来人民政协思想的
实践基础与理论渊源

以毛泽东同志为核心的中国共产党的第一代中央领导集体高瞻远瞩,提出并实践了政治协商、民主建国的理念,就人民政协的性质和任务及工作方针提出了一系列独创性的重要思想。周恩来作为党的第一代中央领导集体的重要成员、人民政协事业的重要开拓者和卓越领导人,不仅参与创建了人民政协,直接领导了人民政协工作,而且从理论与实践中丰富和发展了毛泽东关于人民政协的思想,为人民政协事业发展做出了奠基性的贡献。

第一节　周恩来人民政协思想产生的历史条件

人民政协是中国共产党把马克思列宁主义统一战线理论、政党理论和民主政治理论同中国具体实践相结合的伟大创造,是中国共产党同各民主党派、人民团体和各族各界人士风雨同舟、团结奋斗的伟大成果。

一、国民党政府专制独裁和腐败使其丧失民心

以蒋介石为首的国民党始终实行专制独裁政策，早在抗日战争时期，它虽表面上举起联合抗日的旗帜，实际上对共产党和其他民主党派从未停止打压和排斥。1939年1月，国民党在重庆召开五届五中全会，会议根据蒋介石的讲话精神，通过了"整顿党务"的决定，成立了专门反共的"特别委员会"，陆续制定和秘密下发了《限制异党活动办法》《处理异党实施办法》等一系列文件。国民党顽固派发动"皖南事变"后，对民主党派也实行了高压政策。为镇压民主党派，他们诬陷全国各界救国联合会领导人沈钧儒、邹韬奋、沙千里等人要在重庆发动"暴动"，派军警特务监视民主人士，杜重远、马寅初被国民党无理逮捕和拘留。

抗战胜利本来给国民党带来很好的发展机会，但其自身的腐败使其彻底丧失民心。抗战胜利后，国民党从受降日军处获得了大量的军事装备和资产。据不完全统计，国民政府接收的日伪资产估价达3.5亿~8亿美元。①同时，国内主要城市和战略要地也均被国民党占据和接收。然而由于政治腐败和治理水平低下等原因，国民党并没有把握住机遇，反而在接收的过程中"自毁长城"。

国民政府在大规模接收中，情形十分混乱，没有统一指挥，没有严格监督，不少国民党官员在接收的过程中贪赃枉法、中饱私囊，滥用公共权力抢占房产，将金银珠宝据为己有，极大地侵犯了人民的权益，给收复区的民众留下了极其恶劣的印象。因

---

① 参见汪朝光：《1945—1949：国共党争与中国命运》，社会科学文献出版社，2010年，第9~10页。

此,广大民众将国民党的接收称为"劫收"。①国民党最高当局虽然也发出禁止接收人员贪赃枉法、以权谋私的通令,并声明将严办违法官员,但其缺乏社会治理能力和惩办腐败的力度,根本不可能令行禁止,各级官员的贪污和市场物价的飞涨基本成正比,各地的接收大员大发国难财,牟取暴利,致使物价一日三涨,害苦了收复区人民。国民党财政部公布的法币与伪币的兑换比例极不合理,实际上是继续公开剥夺收复区民众的财产,人为地给民众带来经济上的严重灾难,更进一步地引起收复区民众普遍而强烈的不满。中华民国代总统李宗仁后来也反省说:"一纸命令之下,收复区许多人民顿成赤贫了,而携来大批法币的接收人员则立成暴富。政府在收复地区的失尽人心,莫此为甚。"②当时老百姓中流传着"想中央,盼中央,中央来了更遭殃"的顺口溜,社会的广泛不满和批评使国民党失去了大众民心,失去各阶层的同情与拥护。

解放战争时期,国民党继续执行专制独裁政策,最终把民主党派推向了共产党一边。在解放战争期间出现了多起国民党针对民主党派的流血事件,例如1946年1月"沧白堂事件"、1946年2月"较场口事件"、1946年6月"下关惨案"、1946年7月"李、闻惨案"等。仅1946年5月在成都、重庆等地就有中国民主同盟成员数百人被逮捕。许多民主人士的参政资格被国民政府悍然取消,邹韬奋创办的生活书店被当局查禁封闭,在"下关惨案"中民主人

---

① 参见何汉文:《大劫收见闻》,《文史资料选辑》(第55辑),第22~30页。

② 政协广西壮族自治区委员会文史资料研究委员会:《李宗仁回忆录》(下册),1980年,第852页。

士被殴打,在"李、闻惨案"中两位著名民主人士被杀,1947年10月国民党政府又宣布"中国民主同盟"为非法组织,严加取缔。这使得各民主党派被迫转入地下斗争。他们深深感到,在国民党一党专政的独裁统治下,必须与进步的中国共产党联合起来才能保证自身的存在和发展,才能改变势单力薄的状况。

在反对国民党专制独裁的民主斗争中,主要民主党派与中国共产党的合作则逐步向深层次发展,最终形成了中国革命的同向合力,从而奠定了中国共产党领导下的多党合作制和政治协商制度的基础。

二、战后各党派兴起与"第三条道路"主张的破产

抗日战争结束后,国内迎来了难得的和平机会,长期的社会动荡和残酷的战争催生了人们渴望和平向往安定生活的强烈愿望。制止内战爆发,使中国走向和平民主的社会秩序,成为绝大多数中国人民的共同心声,但如何建设新中国、重整社会秩序,国民党、民主党派和共产党有着不同的主张。

由于战后初期政治形势的改善,中间阶级的政治积极性也大为提高,各民主党派空前活跃,纷纷宣布成立政党并提出各自的政治主张。抗战胜利后的一年间中国涌现出了许多政党和社会团体,三民主义同志联合会、中国民主建国会、中国民主促进会、中国国民党民主促进会、九三学社等先后宣告成立。这些党派大多都提出了"第三条道路"的政治主张,它们企图在国共两党之间"严守第三者立场",幻想既不走中共的苏式社会主义道路,也不走蒋介石的专制独裁道路,而是用和平改良的办法在中

国实现西方的自由平等的民主政治。为此，他们或公开宣言或发表文章、讲演，向民众宣传自己的主张。例如中国民主同盟宣称自己是一个具有独立性与中立性的民主大集团，"所谓中立性，是说它介于中国两大政党对峙的局面中，是两大对峙力量组织中间的一种，要求它保持不偏不倚的严谨态度，不苟同也不立异，以期达到国家的和平、统一、团结、民主"①。中国民主建国会在成立宣言中就明确提出："不右倾，不左袒，替中国建立起来一个政治上和平奋斗的典型。"②中国民主促进会在《对时局的宣言》中也指出，中国光明前途的途径"是消灭国外、国内一切束缚自由自主的势力"，在国内必须先实行民主然后实现统一，"统一而不以民主为前提，绝无法实现"。

1945年12月20日，全国各界救国联合会在重庆召开会员大会。大会正式决定，将全国各界救国联合会改为"中国人民救国会"，通过了《中国人民救国会政治纲领》，提出要遵循"民主主义的方针"，"彻底消弭内战，加强团结。在和平、统一、团结、民主的基础上，执行一切民主改革，建立独立、自由、平等、幸福的中华人民共和国"，"经过政治协商会议，立刻结束一党专政，成立临时性的民主联合政府，在经过联合政府所筹备普选的国民大会，制定宪法，成立正式的联合政府"。

除了成立政党政团之外，民族资产阶级的代表人物还通过发

---

① 《民主建国会成立宣言》（1945年12月16日），载《中国民主建国会历史文献选编》（1），书目文献出版社，1992年，第6~9页。

② 《中国民主同盟临时全国代表大会政治报告》（1945年10月11日），载《中国民主同盟历史文献》，文史资料出版社，1983年，第63~64页。

表文章和演说，积极宣传"第三条道路"的主张。张东荪在1946年公开发表演说，认为"中国必须于内政上建立一个资本主义与共产主义中间的政治制度"，"政治方面比较多（地）采取英美式的自由主义与民主主义，同时在经济方面比较多（地）采取苏联式的计划经济与社会主义"。①储安平在他的代表性论文《中国的政局》中写道，国民党是不好的，共产党也不见得好。他对双方都不认同，对国民党是深恶痛绝，对共产党则是充满疑虑。这些反映了当时自由派知识分子的真实立场。他们一边在批判现实，一边在探索中国的出路。他们自信有能力改变中国的政治现状，这就是走"第三条道路"。由于"第三条道路"确实反映了当时一部分尚未摆脱个人自由主义思想的知识分子的要求和情绪，因而在一个时期内影响十分广泛。

但是国民党当局为了维护自己摇摇欲坠的统治，不允许"第三条道路"的存在，加紧对爱国民主力量的疯狂镇压和对民主党派人士的迫害。国民党特务在枪杀李公朴、闻一多之后，又杀害了著名民主人士杜斌丞，中国民主同盟的许多成员被逮捕、被绑架，所办的几家报社被捣毁、遭袭击。1947年5月，国民党查封了由民主人士主办的《文汇报》《新民晚报》《联合晚报》。10月，国民党当局宣布中国民主同盟为"非法团体"，明令对该盟及其成员的一切活动"严加取缔"。这使得各民主党派处境日益艰难，被迫相继转入地下秘密活动，这也标志着"第三条道路"在中国的破产。

中国政局的急剧变化和国共两党的不同政策，使许多民主党

① 袁贺：《张东荪：书生谋国直堪笑》，《人物》，2007年7月。

派人士的思想产生了变化。在被迫放弃了"第三条道路"主张后，他们作出了新的政治选择。1948年1月1日，李济深、何香凝等人筹建的中国国民党革命委员会正式宣布成立，并在行动纲领中宣布："本会当前之革命任务为推翻蒋介石卖国独裁政权，实现中国之独立、民主与和平。"①同月，中国民主同盟在香港召开了第一届三中全会，在会议通过的政治报告之"今后中国民主同盟的立场态度方针和任务"中明确写道："至于独立的中间路线，从目前中国的现实环境看，更难行通。自从本盟被南京反动独裁政府勒令解散以来，一切所谓'中立''中间'的说法和幻想，实早已被彻底粉碎了"。"今后自应积极地支持以人民的武装去反抗反人民的反动武装。""我们要公开声明与中国共产党实行密切的合作"，"继续为巩固和扩大民主革命统一战线而奋斗"。提出"要实现民主，首先就得为推翻反动独裁统治集团而战斗。这是一切任务的中心"②。除了民社党、青年党外，其他多数民主党派也表示了参加新民主主义革命的立场。

历史证明，"第三条道路"主张即资产阶级共和国方案在中国是行不通的。因为从民族资产阶级自身来看，民族资本主义经济的特点决定了民族资产阶级没有勇气和能力去领导人民进行反帝反封建的革命斗争，不能为资产阶级共和国扫清障碍。从中国当时所处的时代条件来看，帝国主义列强不可能让中国成为

---

① 陈竹筠、陈起城选编：《中国民主党派历史资料选辑》（上册），华东师范大学出版社，1985年，第119页。

② 同上，第317~321页。

一个独立、富强的资本主义国家。从中国的革命形势来看,国民党当局也不允许任何妨碍其一党专政的政治力量存在。但是这一时期中国民主党派都是以民族资产阶级、城市小资产阶级及其知识分子为社会基础的政党,由于受到帝国主义、封建主义的压迫,具有更大的进步性和革命性,具有反帝反封建的要求。反对外来侵略,维护国家独立,坚持爱国、民主、和平,反对卖国、独裁、内战,这是各民主党派的基本政治主张。这些在反帝反封建和争取民族独立、国家富强、政治民主等方面与中国共产党的奋斗目标是共同的,与中国共产党的民主革命纲领基本一致,共同的政治目标构成了多党合作的政治基础。

三、共产党的统一战线政策和"五一口号"的感召

中国共产党在成立后的第二年就提出了党的最高纲领和最低纲领。中共提出要"消除内乱,打倒军阀,建设国内和平;推翻国际帝国主义的压迫,达到中华民族完全独立,统一中国本部(东三省在内)为真正民主共和国"。这个纲领反映了中国劳动人民的根本利益要求,也基本符合民族资产阶级的利益。中国民主党派始终反对国民党的专制独裁政策,致力于实现中国独立、民主、自由与富强,他们的政治经济主张与中共的奋斗目标有许多共同之处,容易形成政治上的共鸣和联盟。所以当抗战时期中共代表林伯渠在三届三次国民参政会上提出"召开国事会议,组织各抗日党派的联合政府"主张后,立即得到了民主党派的广泛响应。

早在抗战初期,中国共产党就建立了有各爱国党派、爱国团体参加的抗日民族统一战线,在抗日根据地还建立了具有联合

政府性质的"三三制"政权。1940年3月,中共中央发出《抗日根据地的政权问题》的指示阐明:"这种政权,是一切赞成抗日又赞成民主的人们的政权,是几个革命阶级联合起来对付汉奸和反动派的民主专政"。《陕甘宁边区施政纲领》明确规定:"共产党应该同党外人士实行合作,不得一意孤行,把持包办。"毛泽东也强调:"共产党的这个同党外人士实行民主合作的原则,是固定不移的,是永远不变的。"在共产党领导的"三三制"政权中,党外的民主人士、中间派分子占三分之二的比例,凡是年满18岁的赞成抗日和民主的中国人,不分阶级、民族、性别、信仰、党派、文化程度,都有选举权和被选举权。这一政权的设置初步反映了中国共产党领导的多党派合作、共同执政的雏形,使不少民族资产阶级对中共产生了信任感,使许多民主人士逐渐团结在共产党的周围。

解放战争时期,中国共产党对于主张"第三条道路"的民主党派一直采取团结、批评、帮助的方针。周恩来明确指出:当中国民主同盟的领导人接受国民党的命令自行宣布解散后,在中国走"第三条道路"的尝试就告失败。从中国的历史看,大革命后就只有两个全国性大党,二十多年的发展证明武装斗争才是中国民主运动的主要形式,所谓改良的和平的中间道路或称"第三条道路"是不可能的。①但同时周恩来也阐明,第三大党运动的失败,中间道路想法的破产,并不等于中间派从此不存在了,也不等于说中间道路的想法就从此消失了。从组织成分上看,中间派

---

① 参见周恩来:《关于当前民主党派工作的意见》(1948年1月),载《周恩来选集》(上卷),人民出版社,1980年,第283~284页。

包含着统治阶级内部的反对派、中产阶级、海外侨商及其他爱国分子、进步分子，因此中国共产党要利用发展进步、争取中间、孤立右翼的统战政策，通过宣传党的纲领和政策争取到更多的力量加入到革命的队伍中来。同时，由于中间派的不稳定性和投机性还很大，我们应持若干保留态度，在加强共产党领导和又团结又斗争中解决好争取中间力量的问题。[①]

在民主党派活动被迫转入地下的困难时刻，中国共产党再次向民主党派伸出援助之手，帮助中国民主同盟等一部分民主人士转移到香港活动，努力做好保护和团结工作。周恩来对民主人士的安全非常关心，并指导地下党对他们进行转移，电示香港分局做好来港人士的安置和保护工作。在周恩来的关心下，先后有郭沫若、沈钧儒、茅盾、马寅初、黄炎培、张志让、叶圣陶、郑振铎等民主人士从国统区安全撤至香港或解放区。

1948年上半年，随着解放战争的胜利推进，国内局势发生了战略性改变。人民解放军在各个战场上继续发动攻势，并相继取得胜利，狠狠打击了国民党军队的有生力量，人民解放军转入战略进攻。随着革命形势的迅速发展，中共中央加快了成立新政协和组织联合政府的进程。1948年4月25日，毛泽东致电刘少奇、周恩来、朱德、任弼时，谈论邀请港、沪、平、津等地各中间党派及群众团体代表，到解放区商量召开人民代表大会、成立临时中央政府等问题。4月30日至5月7日，毛泽东主持召开中共中央书记处

---

① 参见周恩来：《关于当前民主党派工作的意见》（1948年1月），载《周恩来选集》（上卷），人民出版社，1980年，第286页。

扩大会议。会议期间，中共中央决定借此机会，对外公布共产党人的政治主张，中共中央发布《纪念五一劳动节口号》，号召"各民主党派、各人民团体、各社会贤达迅速召开政治协商会议，讨论并实现召集人民代表大会，成立民主联合政府"①。5月1日，中共中央《纪念五一劳动节口号》通过陕北的新华社正式对外发布，同一时间，新华广播电台也进行了广播。当日，《晋察冀日报》头版头条刊发了"五一口号"。5月2日，《人民日报》头版头条全文发表。

中共中央最初拟定的《纪念五一劳动节口号》初稿共24条，内容主要是以五一国际劳动节来临为契机，向各方面致敬和问候，向各革命阶级发出动员令。毛泽东对初稿第5条和第24条进行了修改。《纪念五一劳动节口号》初稿第5条原文是："工人阶级是中国人民革命的领导者，解放区的工人阶级是中华人民共和国的主人翁，更加积极地行动起来，更早地实现中国革命的最后胜利！"毛泽东将其改为："各民主党派、各人民团体及社会贤达，迅速召开政治协商会议，讨论并实现召集人民代表大会、成立民主联合政府。"第24条原文为："中国劳动人民和被压迫人民的组织者，中国人民解放战争的领导者——中国共产党万岁！"毛泽东修改为："中华民族解放万岁！"这样，修改后的《纪念五一劳动节口号》一共23条。

在中共中央发布《纪念五一劳动节口号》的次日，毛泽东即致函中国国民党革命委员会主席李济深和中国民主同盟中央常

①　中央档案馆编：《中共中央文件选集》(第17册)，中共中央党校出版社，1991年，第146页。

务委员沈钧儒，以协商的态度具体提出召开政治协商会议的时间、地点、参会党派和原则、实施步骤等，对中共中央《纪念五一劳动节口号》第5条作了进一步补充。信中说："在目前形势下，召集人民代表大会，成立民主联合政府，加强各民主党派、各人民团体的相互合作，并拟订民主联合政府的施政纲领，业已成为必要，时机亦已成熟。国内广大民主人士业已有了此种要求，想二兄必有同感。但欲实现这一步骤，必须先邀集各民主党派、各人民团体的代表开一个会议。在这个会议上，讨论并决定上述问题。此项会议似宜定名为政治协商会议。一切反美帝反蒋党的民主党派、人民团体，均可派代表参加。不属于各民主党派各人民团体的反美帝反蒋党的某些社会贤达，亦可被邀参加此项会议。此项会议的决定，必须求得到会各主要民主党派及各人民团体的共同一致，并尽可能求得全体一致。"[1]

毛泽东的这封信得到了各民主党派和无党派民主人士的广泛赞同。1948年5月5日，李济深、何香凝、沈钧儒、章伯钧、马叙伦、王绍鏊、陈其尤、彭泽民、李章达、蔡廷锴、谭平山、郭沫若在香港联名致电毛泽东并转解放区人民，认为中共提出的《纪念五一劳动节口号》"适合人民时势之要求，尤符同人等之本旨"，表示要通电国内外各界及海外侨胞，共同策进，完成大业。8月1日，毛泽东电复香港各民主党派和民主人士，对其积极响应中共《纪念五一劳动节口号》表示"极为钦佩"，并就召开新的政治协商会议的时机、地点、召集人、参加会议者的范围以及会议应讨论的

---

[1] 《毛泽东书信选集》，人民出版社，1983年，第301页。

问题等,征询他们的意见。9月,毛泽东在中共中央政治局会议上,再次强调了要做好团结中间派的统一战线工作。

中共在《纪念五一劳动节口号》中提出的"迅速召开政治协商会议,讨论并实现召集人民代表大会、成立民主联合政府"的主张,使民主党派切实看到了在中国实现民主政治、建立民主联合政府的希望。由于中国共产党长期以来实行的统一战线政策产生了良好的效果,加之《纪念五一劳动节口号》的强烈感召力,更由于中国共产党自身的先进性、纯洁性和中共政治、军事力量的日渐强大,使得各民主党派在20世纪40年代后期越来越积极地、自觉地向共产党靠拢,使得我们建立新的人民政协组织具备了社会基础和历史条件。

第二节　周恩来人民政协思想的理论来源

一、马列主义、毛泽东思想中的统一战线理论

周恩来人民政协思想的理论源泉包括马克思列宁主义统一战线理论、政党理论、社会主义民主政治理论等方面的内容,对他影响最大的是毛泽东的人民民主思想和符合中国国情的统一战线理论。周恩来从中国实际出发,继承、发展和创新了马列主义、毛泽东思想,形成一套完整的人民政协思想。

统一战线是无产阶级及其政党进行革命建设的政策和策略的重要组成部分,是无产阶级为实现完全解放而进行斗争的锐利武器,是无产阶级政党在一定历史条件下,为了实现一定目

标,集中力量反对最主要敌人,同其他革命阶级、政党和团体以及一切可能团结的力量,在共同利益的基础上所采取的联合行动的同盟。

马克思、恩格斯在领导工人运动过程中,形成了统一战线的基本理论。他们的理论思考围绕以下四个方面展开:

第一,无产阶级政党为实现自己的目标要同其他政党建立尽量广泛的联合。无产阶级政党不仅要通过武装斗争,而且要通过联合其他政党来实现自己的目的。

第二,无产阶级政党不仅要联合各国的工人阶级,而且还要同农民阶级进行广泛联合。对于实现无产阶级的国际联合,恩格斯指出:"既然各国工人的生活水平是相同的,既然他们的利益是相同的,他们的敌人也是相同的,那么他们就应当共同战斗,就应当以各国工人的兄弟联盟来对抗各国资产阶级的兄弟联盟。"①同时,他们对无产阶级与农民阶级的联合也非常重视,农民是无产阶级的"天然同盟者",农民对革命的态度关系着革命的成败。

第三,无产阶级政党要同其他民主政党建立联合。"共产党人到处都努力争取全世界民主政党之间的团结和协调。"②即使是作为敌人的资产阶级,"只要资产阶级采取革命的行动,共产党就同它一起去反对君主专制、封建土地所有制和小市民的反动性"③。

---

① 《马克思恩格斯选集》(第一卷),人民出版社,1995年,第310~311页。

② 同上,第307页。

③ 同上,第306页。

第四,在共产党与其他政党实现联合时,必须要坚持对统一战线的领导。马克思强调,共产党"在政治上为着一定的目的,甚至可以同魔鬼结成联盟。只是必须肯定是你领导着魔鬼走,而不是魔鬼领导着你走"①。

列宁在领导俄国的社会主义革命和国家建设中,在支援殖民地、半殖民地的民族独立运动过程中,做了大量统一战线的工作,积累了丰富的经验,进一步完善和发展了马克思、恩格斯的统一战线理论。列宁特别强调无产阶级与其他阶级建立统一战线在革命中的重要意义。他指出:

> 要战胜更强大的敌人,就必须尽最大的努力,同时必须极仔细、极留心、极谨慎、极巧妙地一方面利用敌人之间的一切"裂痕",哪怕是最小的"裂痕",利用各国资产阶级之间以及各个国家内资产阶级各个集团或各类别之间利益上的一切对立,另一方面利用一切机会,哪怕是极小的机会,来获得大量的同盟者,尽管这些同盟者可能是暂时的、动摇的、不稳定的、不可靠的、有条件的。谁不懂得这一点,谁就是丝毫不懂得马克思主义,丝毫不懂得现代的科学社会主义。②

他还强调,这一切在"夺取政权以前和以后"都同样适用。

列宁主张对资产阶级和农民阶级采取不同的统战政策。对资

---

① 《马克思恩格斯选集》(第17卷),人民出版社,1995年,第594页。
② 《列宁选集》(第4卷),人民出版社,1995年,第179~180页。

本家和资本主义工商业,采用国家资本主义的"赎买""租让"办法。在推行新经济政策之后,制定了一系列措施以实现国家社会主义。对农民阶级要充分认识工农联盟的重要性。在革命胜利后,仍然要坚持工农联盟,要建立一种"新的联盟"。列宁第一次提出要在工人阶级内部建立统一战线。他认识到,在资本主义社会中,无产阶级被形形色色的中间阶层所包围,无产阶级内部分化为"比较开展"和"比较不开展"的阶层,而且有职业、乡土、宗教等区分,这无疑是革命胜利的巨大阻碍,因此"为了反抗整个资本家阶级,单靠单个工厂工人的联合,甚至单个工业部门工人的联合是不够的,整个工人阶级的共同行动就成了绝对必要的了"①。

在帝国主义时代,列宁明确提出了"全世界无产者和被压迫民族联合起来"的口号。他认为进入垄断资本主义阶段,由于资产阶级在殖民地的殖民统治,无产阶级革命运动必须与被压迫民众的反帝反封建的运动相联合,建立广泛的民族民主革命统一战线。因此,列宁多次强调要对各国民族民主运动给予热情的支持和帮助。他说:"共产主义在民族和殖民地问题上的全部政策,主要应该是使各民族和各国的无产者和劳动群众为共同进行革命斗争、打倒地主和资产阶级而彼此接近起来。这是因为只有这种接近,才能保证战胜资本主义,如果没有这一胜利,便不能消灭民族压迫和不平等的现象。"②

毛泽东将马列主义与中国革命实践相结合,使统一战线理论

---

① 《列宁全集》(第2卷),人民出版社,1984年,第77页。
② 《列宁选集》(第4卷),人民出版社,1995年,第217页。

发挥出强大的力量。他对统一战线的地位和作用有着高度的评价，认为统一战线是中国革命克敌制胜的三大"法宝"之一。毛泽东在1939年10月的《共产党人》发刊词中指出：

> 十八年的经验已经使我们懂得：统一战线，武装斗争，党的建设，是中国共产党在中国革命中战胜敌人的三个法宝。[1]
>
> 统一战线和武装斗争，是战胜敌人的两个基本武器。统一战线，是实行武装斗争的统一战线，而党的组织则是掌握统一战线和武装斗争这两个武器以实行对敌冲锋陷阵的英勇战士。[2]

中华人民共和国成立前夕，毛泽东总结中国革命经验时将成功的基本经验归结为建立起了国内和国际上的两条统一战线。①在国内，唤起民众。这就是团结工人阶级、农民阶级、城市小资产阶级和民族资产阶级，在工人阶级领导之下，结成国内的统一战线，并由此发展到建立工人阶级领导的以工农联盟为基础的人民民主专政的国家。②在国外，联合世界上以平等待我的民族和各国人民，共同奋斗。这就是联合苏联，联合各人民民主国家，联合其他各国的无产阶级和广大人民，结成国际的统一战线。[3]

除了给予统一战线高度的重视和评价外，毛泽东还对统一战线理论作出了进一步的阐释和论证。中国国内的阶级状况决

① 《毛泽东著作选读》（上册），人民出版社，1986年，第309页。

② 同上，第317页。

③ 参见《毛泽东选集》（第4卷），人民出版社，1991年，第1472页。

定了中国革命的胜利必须建立最广泛的统一战线。当时国内阶级状况是：中国资本主义的发展进程被帝国主义的入侵所打断，造成民族资产阶级弱小，无产阶级人数也很少；同时由于小农经济长期处于主导地位，使得农民成为中国民众的绝大多数。无产阶级必须与农民和部分民族资产阶级建立统一战线，联合起来对抗共同的敌人，只有如此才能取得胜利。毛泽东指出：

> 中国无产阶级应该懂得：他们自己虽然是一个最有觉悟性和最有组织性的阶级，但是如果单凭自己一个阶级的力量，是不能胜利的。而要胜利，他们就必须在各种不同的情形下团结一切可能的革命的阶级和阶层，组织革命的统一战线。在中国社会的各阶级中，农民是工人阶级的坚固的同盟军，城市小资产阶级也是可靠的同盟军，民族资产阶级则是在一定时期中和一定程度上的同盟军，这是现代中国革命的历史所已经证明了的根本规律之一。①

如何团结并领导这些阶级、阶层参加到革命的统一战线中来，毛泽东有深刻的认识。他认为共产党必须掌握统一战线的领导权，但要实现对其他阶级的领导，共产党需要创造以下两个条件：①率领被领导者向着共同敌人作坚决的斗争，并取得胜利；②对被领导者给以物质福利，至少不损害其利益，同时对被领导者给以政治教育。没有这两个条件或两个条件缺一，就不能实现

---

① 《毛泽东选集》（第二卷），人民出版社，1991年，第645页。

领导。①除了要坚持共产党对统一战线的领导外，毛泽东还为巩固和扩大统一战线制定了正确的政策和策略，指出在统一战线里面，要坚持又斗争又团结的政策，只有团结而无斗争，或者只有斗争而无团结，都是错误的。②抗日战争时期，为巩固统一战线、实现抗战胜利，毛泽东制定了"发展进步势力、争取中间势力、反对顽固势力"的策略，并且指明这三个环节是不可分离的，而斗争是实现团结的手段。③

二、周恩来对毛泽东统一战线思想的丰富和发展

周恩来在长期的革命实践中，学习、继承和发展了马列主义和毛泽东思想。在新民主主义革命时期，周恩来长期参与和领导中国共产党的统一战线工作，积极倡导、推动建立和发展革命统一战线。他不仅为党的统一战线工作和人民政协的建立做出了重大贡献，而且在统一战线理论上也很有建树，他的统一战线思想主要包括如下七方面内容：

第一，深刻阐明统一战线对中国革命的重要意义。早在五四运动时期，周恩来在参与和领导学生的反帝反封建斗争时，就深刻地感受到，要推翻帝国主义和封建军阀的统治，就必须广泛地联合各界群众，壮大革命力量，共同进行斗争。对此，他坚定指出："我们所恃的是群众运动"，"应当鼓动各种分子，快快成立各

---

① 参见《毛泽东选集》（第四卷），人民出版社，1991年，第1273页。

② 参见《毛泽东选集》（第三卷），人民出版社，1991年，第824页。

③ 参见《毛泽东选集》（第二卷），人民出版社，1991年，第745页。

种组织,各种工会、同业公会尤其要紧"。①在旅欧时期,他明确指出:"新旧军阀都不足恃,所可恃者以救中国的只有全中国的工人、农民、商人、学生联合起来,实行国民革命"②,而革命的胜利,则要求,特别要将工人、农民、知识界、商人、华侨五派革命分子"于一个革命的政党统帅之下,则国民革命的成功,必不至太为辽远"③。在大革命时期,周恩来对统一战线的认识随着第一次国共合作而日渐深化,他曾多次号召工、农、兵、学、商联合起来"打倒帝国主义""打倒南北军阀"。日本侵占我东三省后,民族矛盾逐渐上升为主要矛盾。1934年5月,周恩来利用自己南开校友的身份,发表了《致张伯苓信》,高呼"兄弟阋于墙,外御其侮"④。1937年7月,他在为中共中央起草的宣言中强调:"在民族生命危急万状的现在,只有我们民族内部的团结,才能战胜日本帝国主义的侵略"。

第二,阐明新民主主义革命不同时期统一战线的不同性质和形式。统一战线的性质和组织形式主要是由革命的形势和任务决定的,因此在新民主主义革命时期,周恩来反复阐明,要随时注意革命发展进程中出现的矛盾变化,正确分析和估量形势,分清敌、我、友,才能认清不同时期统一战线的性质,确定适宜的组织形式,制定不同的斗争策略。他认为:"大革命、十年内战和抗

---

① 刘焱主编:《周恩来早期文集》(上卷),南开大学出版社,1993年,第314页。

② 刘焱主编:《周恩来早期文集》(下卷),南开大学出版社,1993年,第438页。

③ 同上,第446页。

④ 中共中央统一战线工作部、中共中央文献研究室编:《周恩来统一战线文选》,人民出版社,1984年,第15页。

日战争三个时期的统一战线,是有不同形式和性质的。但这三个时期的统一战线,又都是属于新民主主义的统一战线,因为新民主主义是我们三个时期统一战线的政治基础。"①他分析说:

> 大革命时期我们有一个反帝反封建的民族统一战线,后来因为国民党反动集团背叛了革命,使这个统一战线破裂了。共产党——无产阶级的先进部队被打败了,不得不退入乡村,发动广大群众实行土地革命,建立工农兵代表会议形式的红色政权和工农红军。这个时期的统一战线,是反封建压迫,反国民党统治的工农民主的民族统一战线。"九一八"以后我们才转向抗日民族统一战线。②

抗日战争时期,周恩来的统一战线理论有了进一步发展。他提出了抗日民族统一战线的三重性质,即:一是统一战线是民族的,包括全民族所有不同阶级、不同党派、不同军队、不同组织,是建立在全民族团结抗日、一致对外的基础之上的,具有非常广泛的群众基础;二是统一战线是民主的,要正确处理抗战与民主的关系,一方面民主要服从抗战,另一方面要实行民主政治,加强统一战线的民主性,抗战必须依靠民主来推动;三是统一战线是社会的,它会对社会解放起初步的推动作用。

第三,强调了统一战线中必须坚持无产阶级的领导权。领导

①② 中共中央统一战线工作部、中共中央文献研究室编:《周恩来统一战线文选》,人民出版社,1984年,第95~96页。

权问题是统一战线的核心问题,能否正确认识和解决这个问题,关系到革命的前途。周恩来总结全党长期统一战线工作的经验教训,强调指出:"领导权的问题,是统一战线中最集中的一个问题。"围绕这个"最集中"的问题,周恩来在分析中国社会各阶级性质的基础上,提出了关于领导权问题的三方面重要论述。其一,无产阶级领导权的重要性。在大革命时期,周恩来就已经明确提出了"工人是国民革命的领袖","只有无产阶级是最不妥协的革命阶级"这样的论断。①到了抗日战争时期,周恩来又进一步强调:"无产阶级比别的阶级进步,是应当领导别的阶级的。"②其二,"领导权要用力量来争"。周恩来针对党内对领导权问题的"左"和右的观点进行了严肃批判,他指出:"右的是放弃领导权,'左'的是把自己孤立起来,成了'无兵司令''空军司令'。可以说右倾是把整个队伍送出去,'左倾'是把整个队伍推出去。"③其三,争取统一战线领导权的途径。周恩来指出:首先,共产党要有力量,这是争取领导权的基础和前提条件;其次,争取中间势力、团结一切可以团结的力量,是争取统一战线领导权的重要环节;最后,正确处理国共两党关系是争取领导权的关键。

第四,坚持统一战线中的独立自主原则。能否做到独立自主是关系到统一战线成败的根本问题。周恩来早在大革命时期就非常重视党在统一战线中的独立自主问题。他指出,为共同进行

---

① 中共中央统一战线工作部、中共中央文献研究室编:《周恩来统一战线文选》,人民出版社,1984年,第7页。

② 同上,第104页。

③ 同上,第108页。

国民革命,共产党人加入国民党,但"这不是说中国共产党便失去其独立性质而不应再有任何独立主张……他还应为工农阶级在民主政治范围内提出政治上、经济上的要求,并督促国民党政府次第实施"①。统一战线中有利益不同的复杂的阶级关系,因此为了彻底打击敌人、消除同盟者的妥协性,无产阶级必须坚持自己的独立性。周恩来认为:"独立自主,就是指无产阶级的独立性,他有自己独立的政策、独立的思想。他是去联合人家,而不是同化于人家……无产阶级在统一战线中的团结,是在坚持独立自主的条件下同人家讲团结,而不要受其他阶级的影响。"②对于独立自主原则的基本内容,周恩来阐释到:①坚持独立自主必须坚持党的主义和政见;②坚持独立自主必须积极发展革命武装,扩建革命根据地和红色政权;③坚持独立自主必须坚持对国民党的监督权和批评权。周恩来指出:"我们除宣传主义外,还时时有将政见宣布的必要。"③这样,才不会因为实行统一战线而模糊了共产党同国民党的根本区别。

第五,具体阐明共产党在统一战线内的斗争策略。在统一战线中采取什么样的方针、政策,直接关系着统一战线能否巩固和健康发展。周恩来认为,统一战线的队伍非常庞大和复杂,存在着利益完全不相同的政治力量,必须根据不同情况区别对待,灵活运用"又团结、又斗争"的策略。周恩来很早就清楚地意识到,

---

① 中共中央统一战线工作部、中共中央文献研究室编:《周恩来统一战线文选》,人民出版社,1984年,第810页。

② 同上,第813页。

③ 同上,第8~10页。

要建立巩固的革命统一战线必须正确地划分敌、我、友。针对新民主主义革命时期的主要敌人，他曾作过深入分析："新民主主义革命的敌人是帝国主义，封建势力。这在整个新民主主义革命时期是不变的。可是帝国主义不仅是一个，国内的大地主大资产阶级又有不同的派别和集团，这些敌人又是常常不一致，所以敌人营垒又是变化的。"①在透彻、具体地分析了敌人营垒，总结中国共产党对待敌人的历史经验教训后，他特别指出："我们应该很好地分析，运用毛泽东同志的利用矛盾、争取多数、反对少数、各个击破的方针。"②他阐明抗日民族统一战线内部的不同力量可"分作三类：一类是进步力量，就是工农小资产阶级；一类是中间力量，就是中间阶层；一类是顽固力量，或者反动力量，就是大地主大资产阶级……根据这三种力量的分析，我们订出了发展进步力量，争取中间力量，孤立、分化和打击顽固力量，也就是联合大多数，反对少数，打击最顽固的力量的方针"③。

第六，系统总结统一战线的原则和策略。周恩来在长期从事和领导统一战线的工作中，积累了丰富的实际斗争经验。在抗日战争时期的多次中共中央会议报告中，对党的统一战线经验作了比较全面的总结，提出了一整套科学的统一战线的原则、策略、方法和守则，这些内容不仅是周恩来统一战线理论的重要内容，而且是对毛泽东思想的重要补充和发展。这一时期，周恩来

① 中共中央统一战线工作部、中共中央文献研究室编：《周恩来统一战线文选》，人民出版社，1984年，第96页。

② 同上，第99页。

③ 同上，第103页。

提出的党的统一战线的主要原则是：坚持抗战高于一切，一切服从抗战；认定国民党是主要合作对象，推动国民党进步；坚持党在政治上的独立性；坚信共产主义；从共产主义观念上理解三民主义；加强对国民党军队和各地方军队的工作，推动他们抗战；反对分裂，反对汉奸；坚持政治民主；广泛动员民众；发展党的力量；巩固和扩大统一战线等。他还提出，三民主义是统一战线的政治基础；国共合作是统一战线的组织基础；共产党及其军队的发展与巩固是统一战线的保证。1938年8月4日，周恩来根据当时国民党消极抗日、积极反共的严峻局势，他从原则的坚定性和策略的灵活性出发，在中共中央政治局会议上提出了统一战线的十条策略。[①]这十条策略从当时抗日斗争的形势出发，符合党的统一战线方针，对深入开展斗争、巩固和发展抗日民族统一战线具有重要指导意义。

第七，提出了统一战线的方法和守则。周恩来总结党的统一战线斗争的教训和经验，结合自己的实践，提出了统一战线的四条方法是：①在斗争上，我们要不失立场，但不争名位与形式；我们要坚持原则，但方法要机动灵活，以求达到成功；我们要争取时机，但不要操之过切，咄咄逼人。②在组织上，要不暴露，不威胁，不刺激，以求实际的发展，但不能走向死路，也不要自投陷阱。③在工作上，要使竞争互助让步相互为用，但竞争不应损人，克己互助不要舍己耘人，让步不能损害主力。④在方式上，要讲手续，重

---

① 参见中共中央统一战线工作部、中共中央文献研究室编：《周恩来统一战线文选》，人民出版社，1984年，第43~44页。

实际,勤报告,重信义,守时间,以扩大影响,便利工作。①这些方法充分体现了周恩来高超的斗争艺术和领导水平,对巩固和发展中国共产党领导的统一战线具有长期、深远的影响。

周恩来还进一步提出了统一战线工作的六条守则,它们是:"一、坚定的立场;二、谦诚的态度;三、学习的精神;四、勤勉的工作;五、刻苦的生活;六、高度的警觉性。"②这六条守则不仅是周恩来对从事统战工作的共产党员的要求,而且是他言行一致、终生身体力行的行为准则。周恩来人民政协思想是在周恩来统一战线思想的基础上,经过多年的统一战线和政协工作实践,逐步发展起来的。

第三节　周恩来人民政协思想的实践基础

周恩来作为党的主要领导人,中华人民共和国成立之前,他的主要工作就是组织统一战线和协助毛泽东指挥人民军队作战。统一战线工作是周恩来一直关心和倾注大量精力的事业,在他的实践和组织领导下,中国共产党不仅与国民党进行了两次国共合作,而且让更多的社会上层人物和中间力量认识并信任自己的主张。周恩来的统一战线工作,使中国共产党与当时主要政治力量建立了合作关系,并且逐步赢得了他们的认同,为人民政协的创立奠定了基础。

---

① 参见中共中央统一战线工作部、中共中央文献研究室编:《周恩来统一战线文选》,人民出版社,1984年,第44页。

② 同上,第45页。

一、旅欧时期参加第一次国共合作的实践

立志为中华之崛起而读书的周恩来,从青年时代就投身到民族解放运动中,五四运动爆发后,刚从日本回来的他就积极组织和参加天津的学生运动。1920年,周恩来因为组织学生请愿被捕入狱。经各方人士营救出狱后,为了进一步探索救国真理,周恩来踏上赴欧勤工俭学之路。

1921年春,周恩来经张申府、刘清扬介绍加入巴黎共产主义小组。旅欧期间,他参与筹建旅欧中国少年共产党,并为该组织起草组织章程,在成立大会上当选为中央执行委员会委员,负责宣传工作。1923年2月,旅欧中国少年共产党在巴黎召开临时代表大会,这次大会通过了周恩来起草的《旅欧中国共产主义青年团章程》,改选领导机构,周恩来等五人被推选为执行委员,周恩来任书记。①

中共中央作出国共合作、建立统一战线的决议后,周恩来作为旅欧支部的负责人,于1923年6月16日与尹宽、林蔚等人一起到里昂,与奉孙中山之命到法国筹组国民党支部的王京岐商谈合作问题。经过几轮的协商和会谈,双方顺利达成协议,决定通过旅欧中国共产主义青年团员八十余人全部以个人身份加入国民党的方式进行国共两党间的合作。在与王京岐接触的过程中,周恩来就两党合作尤其是国民党组织建设的问题提出三项建

---

① 参见中共中央文献研究室编:《周恩来年谱:1898—1949》(修订本),中央文献出版社,1998年,第61页。

议：宣传民主革命在中国的必要性和运动方略；为国民党吸收留欧华人中具有革命精神的分子；努力为国民党做些组织和训练工作。①出于对周恩来革命精神和组织才能的肯定，王京岐在向国民党总部汇报工作的时候极力推荐周恩来。9月3日，孙中山和国民党总部委任"周恩来、尹宽为巴黎中国国民党通讯处筹备处筹备员"②。是年秋天，周恩来又被委任为国民党驻欧支部特派员。③

经过认真的组织和筹划，国民党驻欧支部成立大会于1923年11月25日在里昂召开，周恩来出席大会并当选为国民党驻欧支部执行部总务科主任。在王京岐回国期间，由周恩来代理执行部长，主持国民党驻欧支部的工作。几乎与此同时，周恩来又以筹备员身份积极筹组巴黎中国国民党通讯处（又称国民党巴黎区分部）。1924年1月17日，巴黎通讯处召开成立大会，周恩来以巴黎通讯处筹备员的身份主持大会并报告筹备经过，会上讨论通过了通讯处规约并选举了组织机构。会后周恩来致信中国国民党中央总务部长彭素民，汇报了巴黎通讯处成立的情况。④为进一步推动国共两党在欧洲的合作，周恩来指示德国、比利时等国的中共党团基层组织积极协助国民党建立旅欧地方支部。在他的积极组织和推动下，国民党在法国的马赛、比利时的布鲁塞尔、德国的柏林等地也先后建立起支部。随着各地支部的相继建立，

① 参见王章陵：《中国共产主义青年团史论》，国立政治大学东亚研究所，1973年，第84页。

② 《给王京岐等委任状》，载《孙中山全集》（第八卷），中华书局，1986年，第194页。

③ 参见中共中央文献研究室编：《周恩来年谱：1898—1949》（修订本），中央文献出版社，1998年，第63页。

④ 参见刘焱主编：《周恩来早期文集》（下卷），南开大学出版社，1993年，第431~434页。

1924年6月在巴黎建立起国民党欧洲总支部,统辖法国、德国、比利时等地国民党基层组织,成为欧洲大陆中国国民党的统一机关,进一步扩大了统一战线的范围与影响力。

旅欧期间,周恩来先后组织了旅法华人拒款斗争、旅法华人反对国际共管中国铁路等运动。同时,他运用党的统一战线理论,撰写了大量文章推动统一战线运动的开展。为了革命的胜利,他认为新旧军阀都不足恃,"所可恃者以救中国的只有全中国的工人、农民、商人、学生联合起来,实行国民革命"。周恩来指出中国"非革命不足以图存","但我们须看清我们的敌人和我们国民革命的势力究竟何在,且谁又是我们真实的友人。"①他认为只有认清革命的势力然后才有团结的可能,国民党忽略了革命势力真实的存在和各派的经济地位,是他们的"至大的失计"。周恩来明确地指出当时的中国存在五派革命势力,即海外华侨、工人劳动阶级、知识界、新兴的工商业家和农民阶级,"若能合此五派的革命分子于一个革命的政党统率之下,则国民革命的成功,必不至太为辽远"②。周恩来旅欧时期进行的国共合作的实践,为他回国后继续从事统一战线工作、提出统战理论打下了基础。

二、大革命时期参加第一次国共合作的实践

"大革命",是指1924至1927年中国人民在中国国民党和中国共产党合作领导下进行的国内革命战争,是中国人民反对北洋

① 刘焱主编:《周恩来早期文集》(下卷),南开大学出版社,1993年,第444页。

② 同上,第446页。

军阀统治的战争和政治运动。1924年1月,中国国民党第一次全国代表大会在广州召开,以国共合作为基础的国民革命兴起。在中国共产党的积极参与和努力下,大革命风暴迅速席卷全国。1927年蒋介石和汪精卫先后"清共",国共合作破裂。大革命时期,周恩来一直担任中国共产党的重要领导职务,积极实践中国共产党与国民党建立革命统一战线的方针。

1924年7月,周恩来遵照中央的指示,与刘伯庄、周子君等从法国启程回国,参与国民革命活动。在轰轰烈烈的大革命过程中,周恩来在中共中央和共产国际的领导和支持下,积极参加各种革命活动,努力团结党内外革命人士,广泛发动人民群众,为推动国共合作和革命发展做了大量工作。同时,还结合革命实践,加强理论学习,对中国革命的若干重大问题特别是建立和维护革命统一战线进行了较为深入的独立思考,对中国共产党革命统一战线理论和实践进行了积极探索。

1924年9月,周恩来到达国共合作后的广东政府所在地广州。当时广东买办资产阶级成立的武装——商团,阴谋在广州发动反革命军事叛乱,扼杀广州政府。共产国际发表《告欧美工人及全世界被压迫民众书》,号召各国工人支援广州政府的斗争。10月,中共广东区委积极响应共产国际和中共中央的号召,组织广州各界群众为纪念武昌起义举行了警告反动商团大会,周恩来以广东解放协会代表身份出席,并在大会上号召:"我们有工人可以武装,有农民可以自卫,有士兵可以做先驱,有学生可以做宣传,有商人可以做后盾",工、农、兵、学、商要团结起来,"打倒帝国主义！打倒南北军阀！打倒一切反革命派！"①,开始了团结一切力量开展革命斗争的实践历程。

　　会后,各界群众游行,遭遇广州商团袭击,中共广东区委发表宣言,强烈要求严惩广州商团。在苏联顾问鲍罗廷、中共广东区委和国民党左派支持下,孙中山成立了平定商团叛乱的革命委员会,并调集革命军镇压广州商团叛乱,周恩来参加了平定叛乱的军事指挥工作。平叛成功后,周恩来分析了国共合作后广东的政治形势,总结击溃商团军的经验,认为国民党必须让中间分子打破"妥协的心理","断然离不开革命的右派",听孙中山的指挥,与革命的左派联成一气,实现国民革命,"才能得到革命的工农群众做革命的基本势力",并强调"国民革命的含义有二：一联国际无产阶级及弱小民族作反帝国主义的进攻；一联国内被压迫民众作推翻帝国主义走狗之中国军阀的革命"②。在大革命期间的周恩来围绕这两个目标进行了一系列革命统一战线实践。

　　1925年,为了统一和巩固广东革命根据地,广州革命政府进行了两次东征,苏联军事总顾问加伦帮助制定了作战计划,以黄埔军校为主力,周恩来随军领导东征,全权负责前方政治工作,开创了中国共产党人领导军队政治工作的先河。

　　1925年2月,广州革命政府第一次东征,周恩来积极采纳苏联顾问的建议,主持政治部制定了严明的纪律,规定不强拉兵役、不用军用票等,制定战事宣传计划,并在政治部下成立了战时宣传队,将平时政治工作向战时政治工作转变。军队出发之

　　① 《周恩来军事活动纪事》,中央文献出版社,2002年版,第11页。

　　② 同上,第10页。

前,周恩来组织宣传队开展宣传工作,派宣传队先行向民众宣传东征,广泛发动群众,号召当地人民团结起来,协助东征军。东征开始后,周恩来先后参加了东征军在海丰、东莞、石友、惠州、汕头、揭阳等地召开的军民联欢大会,发表演讲称"此次军校出发,是为人民解除痛苦而来,但全恃本校军队,力量太小,若无人民援助,仍不足负重大责任。固本校极希望东莞人民通力合作,以促革命成功"①,并多次会见社会各界人士,宣传东征的意义和革命政策。在广泛宣传下,东征军所到之处,受到人民群众的欢迎和拥护,有力地支援了东征。

1925年9月,开始进行第二次东征,周恩来被任命为国民革命军第一军政治部主任,奔赴东莞、博罗等地发表演说,继续号召"人民应与革命军联合起来,如同兄弟一样互相亲爱,互相提携,将敌人早日打倒"②。并与知识界人士谈话,了解县政、民情,鼓励知识界人士参加革命。10月,周恩来参与了惠州战役的指挥,动员共产党员和共青团员为骨干的敢死队强行攻城,在周恩来领导的政治工作的影响下,东征军广大官兵的革命热情高涨、斗志昂扬,不怕牺牲、作战英勇,进展迅速。最终攻克了被称为"南国第一天险"的惠州城,取得了第二次东征的决定性胜利。在之后的阵亡将士追悼大会上,周恩来勉励革命军人为实现孙中山统一广东、统一中国、打倒帝国主义而继续努力,并发出了"要把全中国的军队都要化为革命军"的号召。两次东征统一了广东革命根据地,巩固了广东革命政权,显示出政治工作的强大威力,展现

① 《周恩来军事活动纪事》,中央文献出版社,2002年版,第17页。

② 同上,第27页。

了大革命中中国共产党统战工作的丰硕成果。

1925年11月，第二次东征胜利结束，国民政府任命周恩来兼任广东东江各属行政委员，负责惠、潮、梅、海陆丰二十五县的地方行政工作。并由周恩来指导组建了第一支由中国共产党人掌握的第一支武装力量——国民革命军第四独立团。实行"联合救国主义"主张，他说，"国民革命的目的是实现大多数人的民权，为此，各县议会、商会等只有真正为人民谋福利，方可谋发展，否则可以取消或改组。"①周恩来提出了实行民主政治、支持工农运动和农民武装建设的行政方针。

1926年"中山舰事件"以后，周恩来应蒋介石要求，回到广州，并退出国民革命军第一军和黄埔军校。但周恩来仍然坚持其革命主张，当叶挺率领的国民革命军第四军独立团开赴前线，途经广州时，周恩来在叶挺家中召开了团以上干部会，向他们分析国内外形势，并且提出了几点要求："一、加强党的领导，加强政治工作；二、注意发动群众，组织群众；三、注意统一战线工作，很好与友军团结；四、作战要勇敢，要有牺牲精神，要能吃苦耐劳……"②很好地鼓舞了独立团的士气。

1926年7月，北伐战争开始，中共中央发表《中国共产党对于时局的主张》，号召巩固革命联合战线，推翻帝国主义和封建军阀的反动统治。周恩来领导广东区委军委做了大量的工作，号召全体革命分子团结起来，以最终实现民族解放和民主政治，再次发挥了政治工作在战争中的巨大作用。

---

① 《周恩来军事活动纪事》，中央文献出版社，2002年版，第33页。

② 同上，第36页。

从1927年开始，以蒋介石为代表的新右派和新军阀势力，加紧反革命扩张。先是反对迁都革命中心武汉，接着公开亮出反共反革命旗帜，在各地接连制造一系列反革命叛变事件。诸如上海四一二政变、广州四一五政变、北京四二八政变、湖北夏斗寅叛变、长沙马日事变，以及冯玉祥倒向反革命，等等，使国共合作处于危急关头。1927年5月，中共虽然召开五大，力图挽回局面，但未能真正解决任何实际问题。7月15日，汪精卫集团在武汉"分共"，国共合作最后破裂，大革命惨遭失败。

大革命虽然以失败告终，革命统一战线最终破裂，但是实现了打倒帝国主义，推翻北洋军阀的统治，统一中国的目标。革命统一战线的建立，有力地推动了北伐战争的顺利进行，给帝国主义和北洋军阀以前所未有的沉重打击。周恩来在实践中逐步认识到建立革命统一战线的两个因素的重要性，一是必须坚持中国共产党在统一战线中的领导权，二是统一战线必须建立在工农联盟的基础上。这两方面的内容也构成了周恩来的统一战线思想核心内容。

三、抗战初期积极推动第二次国共合作的实践

1931年"九一八"事变后，日本进一步加紧对中国的侵略，中国共产党开始认识到建立抗日民族统一战线的重要性，并且提出了具体政策。周恩来作为中共统一战线的决策者和执行者，对促进全党认识的转变，对促进中共采取正确方针民族其他党派团体共同抗日，都起到了重要的推动作用。

1936年3月20—27日，周恩来出席中共中央政治局会议。在23

日的政治局会议发言中,他对抗战形势进行了新的分析,指出一部分国民党领导人已认识到抗日的必要性,但也有人想挑动日苏战争,所以至今国民党是降日还是联俄仍举棋未定。因此,他提出抓住"联共"的口号和红军率先抗日来推动抗日统一战线的建立。根据地下党和统战方面的综合情报,周恩来提出中共同国民党建立统一战线的问题应该坚持以下原则:不放松准备建立统一战线的努力,但又不麻痹群众;在抗日讨逆、停止内战的原则问题上决不退让,并要求国民党有实际行动;我党保持批评的自由;在同国民党上层谈判的同时,不放弃争取下层群众官兵的工作。根据周恩来的意见,会议决定不排除蒋介石允许与共产党建立联系的可能,不再公开谈反蒋的问题,也不再作这方面宣传。

1936年6月上旬,陈济棠、李宗仁、白崇禧等人发动"两广事变"。在6月12日召开的中共中央政治局会议上,周恩来报告了"两广事变"情况,分析事变爆发的原因,提出中共的基本政策是:推动全国反日反蒋力量的发展,更广泛地运用统一战线,不仅做桂系的工作,而且要做蒋介石集团内部的工作,并提出了从蒋介石内部推动蒋介石抗日的思路。随着形势发展,中共中央政治局于8月10日召开会议,专门研究国共两党关系和统一战线问题。周恩来在发言中主张放弃抗日必反蒋的口号。会后,周恩来根据政治局会议的决定,主动采取行动和蒋介石集团进行联系,以促成其联共抗日。一方面,周恩来致函国民党谈判代表曾养甫,指出"非联合不足以成大举",并且就两党直接协商事宜进行沟通,提出由国民党派代表到苏区谈判或者是两党代表在陕西华阴会晤。另一方面,周恩来采取了与蒋介石的亲信接触和通过国民党地方实力派来推动蒋介石转变态度一致抗日的策略。周恩来致函陈果夫、陈立夫兄弟，重申了中国共产党实现国共两党合作抗日的诚意，希望他们敦劝蒋介石"立停军事行动，实行联俄联共，一致抗日"。在致胡宗南的信中，周恩来则希望他能"力排浮议，立停内战"。

1936年9月22日，周恩来致函蒋介石，重申"共产党今日所求者，唯在停止内战、建立抗日统一战线与真正发动抗日战争"，指出"大敌在前，亟应团结御侮"，表明共产党与红军亟望他能"从过去之误国政策抽身而出，进入于重新合作共同抗日之域"。①与此同时，他再次致函陈果夫、陈立夫，希望他们力促蒋介石"停止内战，早开谈判，俾得实现两党合作，共御强敌"②。为促成两党再次合作，周恩来委派潘汉年携他致蒋介石、陈果夫、陈立夫的信由西安赴南京与蒋介石集团接触。11月10日，潘汉年在上海沧州饭店同陈立夫会谈，面交周恩来致陈果夫、陈立夫的信。

根据潘陈会谈的情况及对国内局势发展的研究，周恩来在11月13日召开的中共中央政治局会议上发言指出，蒋介石是资产阶级的代表，他一面派人同我们谈判、妥协，一面向我们进攻，即使他参加了抗日民族统一战线，也始终要动摇的。蒋介石企图控制各种矛盾来维持他的统治。"两广事件"结束后，他积极派兵封锁黄河，阻止我们抗日，逼我就范。并分析逼蒋抗日目前有四种力量：国际上的，群众的，南京在野势力、各地反蒋的统治者及

---

① 周恩来：《大敌在前亟应团结御侮》，载《周恩来书信选集》，中央文献出版社，1988年，第105~107页。

② 周恩来：《共同御敌，国家之幸》，载《周恩来书信选集》，中央文献出版社，1988年，第103页。

蒋集团内部的矛盾,红军及游击队的力量。强调以实现逼蒋抗日来决定我们的战略计划。①会议采纳了周恩来的意见,认为中共要利用统治阶级之间的矛盾达到逼蒋抗日的目的。会后,周恩来及其领导下的东北军工作委员会加强了对张学良领导的东北军和杨虎城领导的十七路军的统战工作。

"西安事变"发生之后,中共中央决定以和平的方式解决问题,并派出以周恩来为首的中共代表团前往西安。经过艰苦的谈判,蒋介石终于接受了停止剿共、联共抗日等条件,并表示在他回南京后周恩来可以去南京谈判。②

"西安事变"和平解决后,周恩来为尽早建立抗日民族统一战线,先后在西安、杭州、庐山和南京围绕军队数量和指挥权、边区政府地位、承认各党派合法地位等问题同国民党方面进行了历时7个多月的5次艰苦谈判。抗日战争全面爆发后,国共两党终于达成了基本协定。9月22日,国民党中央通讯社播发拖延已久的《中共中央为公布国共合作宣言》。次日,蒋介石在庐山发表谈话,承认中国共产党在全国的合法地位。至此,由中国共产党倡导和推动的、以国共两党合作为基础的抗日民族统一战线正式形成。

四、抗战后期参加国民参政会的实践

抗日民族统一战线建立之后,国共两党并未形成正式的合作

---

① 参见中共中央文献研究室编:《周恩来年谱:1898—1949》(修订本),中央文献出版社,1998年,第335~336页。

② 参见周恩来:《与宋子文、宋美龄谈判结果》,《周恩来统一战线文选》,人民出版社,1984年,第33~34页。

纲领和组织形式。国民参政会①的成立，为抗日民族统一战线中的各党派提供了新的合作方式，在此期间，周恩来领导了中共党团在参政会的活动，充分利用参政会这个平台，积极与国民党斗争，有力地维护了抗日民族统一战线。

1938年3月1日，中国共产党向国民党临时全国代表大会提出了巩固抗日民族统一战线、扩大党派间合作、拟定统一战线纲领和组织形式、健全民意机关等建议。②在随后召开的国民党全国临时大会上，通过了《抗战建国纲领决议案》，国民党接受共产党的主张。4月12日，国民政府公布了《国民参政会组织条例》，规定参政会有听取政府施政报告、向政府提出询问案和建议案的权力。但参政会对政府施政方针的决议还须经过国防最高会议通过才能生效。

国民政府公布《国民参政会组织条例》之后，周恩来多次同中共中央书记处商议参加国民参政会的中共参政员名单。6月，国民政府任命汪精卫为国民参政会议长、张伯苓为副议长，同时公布200名参政员名单。"遴选"的参政员大多是国民党员，只有极少数是中国共产党和其他党派的代表。中共参政员为毛泽东、博古、王明、董必武、林伯渠、吴玉章、邓颖超七人。1940年8月，中共中央召开政治局会议，周恩来在会上报告了南方党的工作。毛泽东在会议期间发言，肯定了周恩来的工作，并决定，国民党区域的中共组织均归周恩来负责管理，以统一党的领导，将来国民

① 国民参政会于1938年7月在武汉成立，1948年3月宣布解散，历经4届，共召开过13次会议。

② 参见中央档案馆编：《中共中央文件选集》（第11册），中共中央党校出版社，1991年，第485~488页。

参政会的中共党团也在周恩来领导下。①

　　1941年1月，发生了震惊中外的"皖南事变"，国共两党的合作因蒋介石的破坏面临严重挫折。周恩来、叶剑英根据重庆的政治局势，特别是中间党派的态度和愿望，向中共中央提出了对国民党采取政治上进攻、军事上防御，从而在政治上争取主动的建议。中共中央经过研究后，接受了周、叶的建议，决定从政治上进行斗争和反击。周恩来通过披露"皖南事变"的真相，并主动向民主人士介绍情况，使他们认识到了国民党的高压政策定然会危及自身存亡。因此，中间力量组织起来成立了中国民主同盟，并与中共接近，而国民党则日渐孤立。在周恩来的领导下，通过对"皖南事变"一系列坚决的斗争和细致工作，"中国共产党在抗日民族统一战线内，发展了进步势力，争取了中间势力，孤立了顽固势力，在国民党统治区的工作中逐步取得了主动，劣势变成了优势"②。

　　"皖南事变"发生之后，中共中央立即向全国和国际社会公布了事件真相，提出解决事件的善后办法，并决定组织力量利用各种平台进行反击，其中的重要方面就是在参政会上与国民党进行斗争。"皖南事变"之后，中共代表拒绝出席参政会，这让蒋介石非常难堪。1941年2月10日，周恩来同黄炎培、周士观、沈钧儒、邹韬奋、章伯钧、张申府、左舜生、张君劢等民主人士商量对国民参政会的态度，向他们解释中共拒绝参加的原因，民主人士

①　参见中共中央文献研究室编：《周恩来年谱：1898—1949》，中央文献出版社，1989年，第461~462页。

②　王福琨、邓群主编：《中共中央南方局的统一战线工作》，中共党史出版社，2009年，第23页。

表示谅解和同情,但还是希望中共方面出席即将开幕的参政会。事后,周恩来将与民主人士的会谈情况电告毛泽东,主张接受他们的建议:以中共七参政员名义将中共提出的十二条善后办法提到参政会上要求讨论,以此作为出席参政会的条件,否则不能出席。①

因国民党拒绝接受中共提出的"皖南事变"善后办法十二条,中共参政员最终拒绝出席国民参政会第二届第一次会议。这次斗争不仅有力地回击了国民党顽固派,而且使全国民众更加深入地认识到"皖南事变"的真相和中共为国内团结和平所作的努力。

五、战后参加国共和谈和旧政协的实践

1945年8月15日,日本宣布投降,中国人民终于迎来了抗日战争的胜利。1945年8月25日中共发布对时局的宣言,表明"我们愿意与中国国民党及其他民主党派,努力求得协议,以期各项紧急问题得到迅速的解决,并长期团结一致,彻底实现孙中山先生的三民主义"②。但是蒋介石却坚持独裁和内战的方针,一方面调遣军队夺取胜利果实,一方面邀请毛泽东赴重庆和谈。在重庆谈判期间,毛泽东主要接触各派人士和对重大问题进行思考和决策,周恩来作为中共方面的主谈人,做了大量细致的工作。谈判中,周恩来从实现和平、团结、民主的愿望出发,以国共两党现有政治军事力量的实际状况为基础,在中共方面作出重大让步的

① 参见中共中央文献研究室编:《周恩来年谱:1898—1949》,中央文献出版社,1989年,第492页。

② 中央档案馆编:《中共中央文件选集》(第15册),中共中央党校出版社,1991年,第247~249页。

条件下,起草了两党谈判方案十一项作为谈判的基础,交国民党代表转蒋介石。为了争取国内和平与团结,使国共问题得以解决,中共方面在解放区地位与政权、中共军队的整编问题上作出了很大让步。国共双方于10月10日签署了《政府与中共代表会谈纪要》(即《双十协定》)。《双十协定》规定了"和平建国的基本方针","由国民政府召开政治协商会议",关于解放区政权和国民大会问题"提交政治协商会议解决"。

《双十协定》签订后,周恩来留在重庆继续谈判。对于即将召开的政治协商会议,周恩来提议代表人数定为37人,国民党、共产党、中国民主同盟和无党派每方9人,增加一名主席。并且指出,会议除讨论和平建国方案、召开国民大会外,还可讨论其他问题;会议的方式应是平等的、自由的、一致的、公开的,协议结果应有最后拘束力。但当中国民主同盟正在酝酿推选代表时,原来包含在中国民主同盟之内的青年党在国民党的指使下提出要作为一个独立单位参加政协,且要求五个参会名额。因此,关于政协席位的谈判一度陷入僵局。为了打破僵局,同时又不使政协会议代表的力量对比偏向国民党方面,周恩来代表中共主动提出,中共方面让出两个名额,国民党让出一个名额,青年党再推两个名额组成青年党代表团。10月21日的国共双方谈判中,就上述问题达成一致,确定各方面参加政协代表的人数为:国民党8人,共产党7人,民主同盟9人,青年党5人,无党派9人,共计38人。

1946年1月10日,政治协商会议在重庆召开。中共方面的代表是:周恩来、董必武、王若飞、叶剑英、吴玉章、陆定一、邓颖超。周恩来代表中共代表团在会上提议:"在共同纲领的基础上,实现各党派，无党无派代表人士合作的举国一致的政府。"1月12日，周恩来出席政协全体会议，并在会上报告国共会谈经过，他回顾1936年以来的谈判历史，提出了四点经验教训：要互相承认，不要互相敌视；要互相商量，不要独断；要互相让步，不要独霸；要互相竞赛，不要互相抵消。①

1946年1月14—19日，大会依照议程进行讨论：第一是改组政府问题，第二是施政纲领问题，第三是军事问题，第四是国民大会问题，第五是宪法草案问题。这五个问题经过大会广泛交换意见后，再交付小组讨论。经过十多天的分组研究和激烈争论，终于先后在不同程度上达成协议。1月31日，政协会议通过《关于军事问题的协议》《关于宪草问题的协议》《和平建国纲领》《关于政府组织问题的协议》《关于国民大会问题的协议》。这些协议规定要成立联合政府，政府委员名额的半数由国民党人员充任，其余半数由其他党派及社会贤达充任，并规定了军队整编方案。周恩来在闭幕式的致辞中代表中共承诺："我们中国共产党愿意拥护这些协议，并保证为这些协议的全部实现，不分地区、不分党派地努力奋斗。"②但是不出半年，蒋介石发动了全面内战，政协各项决议被国民党方面完全破坏。

---

① 参见周恩来：《关于国共会谈的经验教训》，载《周恩来统一战线文选》，人民出版社，1984年，第111~114页。

② 《新华日报》，1946年2月1日。

第四节　周恩来人民政协思想的具体实施

周恩来人民政协思想的具体实践，主要体现在他精心筹备的第一届中国人民政治协商会议的成功召开和组织构架及此后历届政协的各方面建设上。周恩来领导和直接参与了人民政协的发起、筹备、正式建立等各项具体工作，在这些工作中充分体现了周恩来的人民政协思想，他不但在理论上而且在实践上对人民政协的创立做出了特殊的贡献。

一、周恩来争取和保护民主人士进入解放区

1948年中共中央在公布《纪念五一劳动节口号》中，号召"各民主党派、各人民团体及社会贤达，迅速召开政治协商会议，讨论并实现召集人民代表大会，成立民主联合政府"。中共的这一号召得到许多爱国民主人士的响应。"五一口号"发布后和8月1日毛泽东电复香港各民主党派和民主人士后，周恩来为中共中央起草了致香港分局及潘汉年的电报，要求他们收到毛泽东8月1日的电文后即送各民主党派征询意见，并将征询推广到上海、南洋的民主人士中，欢迎他们来解放区商谈，进行准备工作。

为了保证爱国人士安全到达解放区，周恩来负责领导这项工作，做了周密细致的安排，时时关注，抓得很紧。为安全起见，绝大多数民主人士都由香港转赴解放区，由中共香港分局的同志在香港负责这项工作。他们以租用外国轮船运货的名义，秘密将这些爱国民主人士分批送往东北和华北解放区。通过这种方

式安全到达解放区的民主人士超过了三百五十人。

为了加强香港方面的力量，8月2日，周恩来又电令钱之光以解放区救济总署特派员名义前往香港，会同方方、章汉夫、潘汉年、连贯、夏衍等人，接送在港民主人士进入解放区，参加筹备新政协。8月9日为早日在解放区筹备召开新政协，周恩来起草中共中央致方方并香港分局电，指出："为邀请与欢迎港、沪及南洋民主人士及文化界朋友来解放区，并为他们筹划安全的道路，望指定汉年、夏衍、连贯负责计划，并协商一个名单电告。"随后，方方、潘汉年等人和赶到香港的钱之光一起研究并着手进行秘密接送民主人士前往解放区的工作。

8月30日，由周恩来起草，并由他和任弼时、李维汉联名给钱之光致电：同意组织一批民主人士乘所租的苏联货船开往朝鲜，但"须注意绝对秘密"。9月20日，周恩来拟定了邀请从港、沪和长江以南前来解放区商讨召开新政协会议的各民主党派及无党派人士李济深、蔡廷锴、张澜、沈钧儒、谭平山、章伯钧、郭沫若、黄炎培、马叙伦、何香凝、史良等77人名单。并起草中共中央致香港分局并钱之光和上海局刘晓、刘长胜电，征询对77人名单的意见。同时，为中共中央起草致华北局并华北城工委员会电，提出为筹备召开新政协会议，除在港、沪及长江以南邀请各民主党派、人民团体的代表人物外，拟在平津邀请张东荪、李烛尘、许德珩、张奚若、符定一、李锡九等24人。在第一批去东北解放区的民主人士抵达朝鲜罗津前后，周恩来为中共中央起草致东北局电，请东北局派人代表东北局、行政委员会、全国总工会前往迎接。10月下旬，冯玉祥夫人李德全到达东北解放区，周恩来即电示李富春、蔡畅代表中共中央去看望和慰问。

随着解放全国的局势越来越明朗，周恩来也加速了保护爱国民主人士进入解放区的进程。11月3日，他为中共中央起草致高岗、李富春电："依据目前形势的发展，临时中央人民政府有很大可能不需经全国临时人民代表会议即径由新政协会议产生。"因此，"应多邀请一些尚能与我们合作的中间人士，甚至个别的中间偏右乃至本来与统治阶级有联系而现在可能影响他拥护联合政府的分子，以扩大统战面"①。11月5日，周恩来为中共中央起草致香港分局电，责成分局和钱之光在12月内将李济深、郭沫若、马叙伦、彭泽民、李章达、马寅初、孙起孟、茅盾、张绚伯、陈嘉庚等人准备参加政协的几十名各方面代表送来解放区，并对进入解放区的路线和安全措施进行了周密布置。

1949年1月7日，李济深、茅盾、柳亚子等三十多人到达东北。负责运送他们的轮船在航行途中遇到大风浪，周恩来闻讯后非常关心也非常着急，几次电询东北局要求及时汇报情况。直到获知他们安全到达，周恩来才放下心来。

1月19日，毛泽东、周恩来联名致电宋庆龄，邀她北上参加指导筹建新中国。2月14日，周恩来致电东北局、华北局及平、津两市委，并派林伯渠代表中共中央前往沈阳迎接在东北的民主人士到北平，以便集中起来协商大计，准备新政协筹备会的成立。2月19日，周恩来修改并批发中共中央给上海局和香港分局的指示电，要求他们继续接送已经邀请或准备邀请参加新政协的各

① 金冲及主编：《周恩来传》(1898—1976)(上)，中央文献出版社，2008年，第851页。

方民主人士前往北平。当月底,李济深、沈钧儒、马叙伦、郭沫若等35名民主人士,在林伯渠的陪同下乘专列到达北平。5月初,周恩来听取钱之光、刘昂关于接送民主人士参加新政协和开辟对外贸易工作的汇报,肯定了他们经过艰辛工作后所取得的成绩。8月底和9月初,宋庆龄和程潜先后抵达北平。至此,已确定的政协代表有四百四十多人来到了北平,超过代表总人数的三分之二,周恩来圆满完成了保护民主人士进入解放区的任务。

二、周恩来全面负责和精心组织政协的筹建工作

各民主党派虽然积极响应"五一口号",赞同召开政协会议成立新政府,但是由于立场和认识的不同,难免在一些问题上同中共存在意见分歧。为了达成广泛的共识,周恩来在会前多次组织民主人士就政协会议的主要问题进行讨论。

为更有效地推进人民政协的筹备工作,1948年10月初,中共中央将中央城市工作部改为中央统一战线工作部,任命李维汉为部长,在周恩来的领导下开展工作。在民主人士符定一、周建人等到达平山县李家庄后,周恩来、李维汉与他们进行了会谈和协商。之后,周恩来为中共中央拟定《关于召开新的政治协商会议诸问题》(草案),这个草案的内容包括新政协的召集、人选、开会时间、地点和讨论事项等问题。10月8日,周恩来向东北局发去该草案和《提议邀请参加新政协的单位表》两个文件,指示高岗、李富春就文件中提到的新政协诸问题,约沈钧儒、谭平山、章伯钧、蔡廷锴、王绍鏊、高崇民、朱学范等人会谈协商,并征询他们对共同纲领主要内容的意见。

东北局高岗和李富春先后两次与沈钧儒等7人进行会谈，民主人士表示同意中共的主张并提出增加单位和修改某些单位名称的建议。章伯钧等人提出，新的政治协商会议就等于临时人民代表大会，可由政治协商会议直接产生临时中央政府。①会谈后东北局将情况汇报给中央。周恩来接到汇报后，将沈钧儒、章伯钧等人的意见和《关于召开新的政治协商会议诸问题》（草案）转发香港分局，要求他们送给香港有关党派团体负责人阅看并征求他们的意见。

1948年10—11月间，周恩来坐镇西柏坡，就是通过上述方式，指挥中共东北局、香港分局和上海局沟通在东北、香港和上海的民主党派人士，经过多轮会谈和电报往来，就召开人民政协的诸多问题进行协商并达成初步共识。11月25日，中共中央授权高岗、李富春同沈钧儒、谭平山、章伯钧等达成《关于召开新的政治协商会议诸问题的协议》，协议就召开新政协和新政协筹备会的各项主要问题达成共识。②

1949年1月6—8日，中共中央召开政治局会议，决定尽快召集没有反动派代表参加的各民主党派、各人民团体的政治协商会议，通过共同纲领，成立新中国。周恩来在会上发言时指出党外人士已经有许多到达了解放区，我们要把主张明朗化，便于他们了解。根据周恩来的建议，中共中央于16日召开民主人士座谈会，周恩来在会上作关于时局的报告，指出因形势发展的突飞猛

---

① 参见中央统战部、中央档案馆编：《中共中央解放战争时期统一战线文件选编》，档案出版社，1988年，第217、219页。

② 参见政协全国委员办公厅编：《开国盛典》，中国文史出版社，2009年，第115~116页。

进，今年有把握打垮国民党。时局发展的趋向总不外以下三种：第一种是改组政府，而且承认我们提出的八条；第二种是美国出兵，我们已经有了准备；可能性最大的是第三种，继续打下去。他希望各民主党派能够坚定将革命进行到底的信念，同时他指出若北平解放得早些，政协筹备会的工作要加速进行。①北平刚刚宣布和平解放，当夜周恩来就打电报给住在李家庄的统战部秘书长齐燕铭和秘书处长周子健，要他们立即到西柏坡。周恩来凌晨1点多给他们交代工作，指示他们连夜出发，赶赴北平筹备新政协。

各派民主人士齐聚北平后都对即将成立的新中国充满期望，并抱有极大的热情，但一部分民主人士在思想上还存在着许多顾虑，如：要不要将革命进行到底？中国是实行新民主主义还是旧民主主义？革命胜利后共产党还要不要他们？为了沟通思想、消除疑虑、提高认识、加强团结，周恩来经常广泛地与民主人士进行接触，除个别交谈和小型座谈外，还指示统战部多次举行报告会，由党的主要负责人报告情况，而且他还经常亲自到会为他们分析国内形势，阐述中共政策，解答他们提出的问题。例如，部分民主人士对新民主主义存有疑虑，思想比较复杂，有的人提出，将来的共同纲领不写新民主主义，而写"民主主义"；也有人主张政治和经济分而治之，政治上由中共领导，经济建设可由他们尽力；还有人要求划定国营经济的范围，以便私人企业之自由发展；对于土地政策有人觉得过激过火；对于外交政策，有人害

---

① 中共中央文献研究室编：《周恩来年谱：1898—1949》（修订本），中央文献出版社，1998年，第828页。

怕封锁，幻想帝国主义的支持，主张反蒋不必反美，希望在社会主义和资本主义两个阵营之间采取中立的态度，不要一边倒，等等。为了解除疑惑，为即将召开的新政协夯实政治思想基础，周恩来亲自向他们说明什么是新民主主义，指出新民主主义的政党制度不是在朝党和在野党互相斗争、互相交替，而是以无产阶级为领导的各民主阶级的政治合作；这种合作是政治的分工合作，各民主党派各自联系不同方面的人，向共同的方向前进；这个共同的方向就是建设新民主主义的中华人民共和国。①

　　周恩来还向他们报告了关于新民主主义政权建设、外交、土改以及其他重大政策问题。例如，1949年5月23日，周恩来邀请国民党革命委员会负责人商议召开新政协和成立联合政府问题。24日，他又宴请中国民主同盟中央委员，报告战事情况，并与他们交流今后中国民主同盟的发展。26日，周恩来同民主建国会负责人黄炎培、盛丕华、章乃器、孙起孟等人座谈，在会上介绍新政协筹备会召开日期、对政府下属各机构设置的研究准备情况和召开各界全国性团体会议等问题，并就民主建国会参与新民主主义经济建设和自身发展提出建议。有民主人士认为，周恩来对各民主党派的帮助是各民主党派逐渐走向进步最终成为中共亲密助手的一个很重要的因素。②

　　6月11日，新政治协商会议筹备会预备会议召开。会上各方

---

① 参见石光树编：《迎来曙光的盛会——新政治协商会议亲历记》，中国文史出版社，1987年，第10~11页。

② 同上，第73页。

代表商定参加新政协筹备会的单位为23个，共134人，并确定筹备会常务委员会人选等。6月15日，新政治协商会议筹备会召开第二次预备会，通过了议事日程等案。当天，筹备会第一次全体会议召开，周恩来担任大会临时主席并致开幕词。次日，周恩来在新政协筹备会第一次全体会议上作关于《新政治协商会议筹备会组织条例》（草案）的解释报告和草案第八条关于表决问题的说明，指出筹备会的主要任务是协商确定参加正式会议的各单位和代表人数，决定召开正式会议的时间、地点、议程，拟定新政治协商会议组织条例草案，起草共同纲领，起草成立政府方案，协商政府领导人选。并说明起草共同纲领"是六七两月份一个繁重的工作"。过去我们起草过一两次，因为当时战争正在猛烈进行中，因此重点在"动员全国人民力量，支持战争"上面，而现在"我们的纲领不能不转向建设方面"，"重点要摆在我们共同努力，来建设一个新民主主义的中华人民共和国"。

新政协筹备会第一次全体会议修正并通过了《新政治协商会议筹备会组织条例》，通过了新政协筹备会常务委员会名单。周恩来当选为新政协筹备会常务委员。在新政协筹备会常务委员会第一次会议上，毛泽东被推选为常务委员会主任，周恩来、李济深、沈钧儒、郭沫若、陈叔通为副主任，李维汉为秘书长，并通过《各单位代表参加小组办法》。为加快各项准备工作，会议决定在常务委员会领导下设6个工作小组，分别完成以下任务：拟定参加新政协的单位及代表名额，起草新政协组织条例，起草共同纲领，起草宣言，拟定政府组织大纲，拟定国旗、国徽及国歌方案。周恩来被推举兼任第三小组组长，负责主持起草共同纲领。

6月18日,周恩来主持起草共同纲领小组第一次会议,研究起草工作。他指出,我们的政协会议,加上一个"新"字,以区别于旧的政治协商会议。共同纲领将"决定联合政府的产生,也是各党派各团体合作的基础"。6月19日,周恩来主持新政协筹备会全体会议,就无党派民主人士的称谓与实质问题作了说明。会议通过了《关于参加新政协会议的单位及代表名额的规定》。筹备会第一次全体会议闭幕后,一切筹备工作继续由筹备会常务委员会及其所领导的6个小组分别承担起来。周恩来的工作主要放在两件事上:一是协商参加新政协的代表名单,二是起草《共同纲领》。

6月21日,周恩来主持新政协筹备会常委会第二次会议。会议通过关于筹备与成立工商、教育、社会科学等全国性团体,决定负责人选等5项决议。次日,周恩来在新政协筹备会党组会上作了关于新政协筹备会的工作与统战工作的报告。他阐明:"新政协为长期组织,也即人民民主统一战线。"中央政府成立后,政协便成为中共领导的各党派的协议机关,国家的一切大事都可以事前在此协商。人民民主统一战线工作是长期的。我们要善于和党外人士相处,只有这样,才能做到长期合作,保证人民民主统一战线不断前进。

6月下旬,周恩来在勤政殿用了一周时间起草了共同纲领初稿。完成后,先后主持召开7次会议征求各方意见,其中包括先后到北平的政协代表五百多人分组讨论两次、第三组本身讨论三次、筹备会常务委员会讨论两次,经反复讨论修改后,正式形成《共同纲领》(草案)。《共同纲领》(草案)规定了中华人民共和国成立初期的政治、军事、经济、文化、民族、外交等各项政策的基本原则,明确规定中华人民共和国"为新民主主义即人民民主主义的国家"。

7月5日,周恩来主持新政协筹备会常委会第三次会议,讨论通过《新政治协商会议筹备会各党派各团体为纪念"七七"抗日战争十二周年宣言》。会后,周恩来出席新政协筹备会召集的各民主党派、各人民团体代表座谈会。在会上作关于新政协统一战线、外交政策、各民主党派前途等问题的报告。7月10日,周恩来拟定新政协筹备会党组干事会名单共21人,分别负责党派、财经、政法、军事、文教、工青妇和农民民族工作,中共中央同意周恩来拟定的名单及分工,决定周恩来、林伯渠、李维汉、徐冰和李立三为党组干事会常委,周恩来任书记。①

8月26日、27日,周恩来主持新政协筹备会常委会第四次会议。会议讨论了参加新政协会议的代表名单草案,修改并基本通过了政协会议组织法草案和中央人民政府组织法草案。在讨论政协组织法时,周恩来指出:在人民民主国家中需要统一战线,即使在社会主义时期,仍然要有与党外人士的统一战线。要合作就要有各党派统一合作的组织。如果形成固定的统一战线组织,名称也要固定,建议称为中国人民政治协商会议。②

9月7日,周恩来在北京饭店向已到北平的政协代表及各方有关人士作《关于中国人民政协的几个问题》的报告,介绍参加

① 参见中共中央文献研究室编:《周恩来年谱:1898—1949》(修订本),中央文献出版社,1998年,第854页。

② 中共中央文献研究室编:《周恩来年谱:1898—1949》(修订本),中央文献出版社,1998年,第859页。

政协会议的单位及其代表名额和人选问题、政协会议组织法草案、政府组织法草案，并指出：人民政协会议"是一百多年来民族民主革命运动牺牲奋斗的果实"，"是三十年来新民主主义革命运动获得胜利的集中表现"。它的任务是团结各种力量"共同反对帝国主义、封建主义和官僚资本主义，建设新民主主义的中华人民共和国"。在全国未普选以前，它执行人民代表大会的职权；普选以后，"它仍将以统一战线的组织形式而存在，国家大政方针，仍要经过人民政协进行协商"①。

9月13日，周恩来主持新政协筹备会常委会第五次会议，修改并基本通过《中华人民共和国中央人民政府组织法》（草案），讨论修改《中国人民政治协商会议共同纲领》（草案），决定再将它们提交政协会议代表分组讨论。会议还对筹备会的其他工作做安排。② 15日，为做好党内的思想工作，保证即将召开的政协会议的顺利进行，周恩来召开新政协筹备会中共党组会议，主要讲了人民政协的组成、在政协中和党外人士合作以及在政协中学习三个问题，说明新政协代表的成分和比例是根据党的统一战线的路线、方针，采取和各党派各团体充分协商的方式确定的，要求全体党员同心协力、遵守纪律，团结党外人士共同开好会议。③ 16日，周恩来主持筹备会常委会第六次会议。会议通过《中国人民政治协商会议组织法修改草案》《中华人民共和国中央人

---

① 政协全国委员会办公厅编：《开国盛典》，中国文史出版社，2009年，第29~41页。

② 参见政协全国委员会办公厅编：《开国盛典》，中国文史出版社，2009年，第231~232页。

③ 参见石光树编：《迎来曙光的盛会——新政治协商会议亲历记》，中国文史出版社，1987年，第175页。

民政府组织法修改草案》《中国人民政治协商会议共同纲领修改草案》等文献。17日下午2时，主持新政协筹备会常务委员会第七次会议，通过《中国人民政治协商会议第一届全体会议主席团名单》（草案）。下午3时，周恩来主持新政协筹备会第二次全体会议，在会上代表常委会作关于三个月来的筹备工作的报告。会议通过了周恩来所作的报告，并决定由筹备会常委会将《中国人民政治协商会议组织法》（草案）、《中华人民共和国中央人民政府组织法》（草案）、《中国人民政治协商会议共同纲领》（草案）提交中国人民政协第一届全体会议讨论通过；通过中国人民政协第一届全体会议主席团及秘书长名单；关于起草大会宣言和拟定国旗、国歌、国徽这两项工作，会议决定由承担工作的两个小组直接向中国人民政治协商会议第一届全体会议主席团提出报告。根据周恩来提议，新政治协商会议正式定名为中国人民政治协商会议。①

正式的人民政协第一届全体会议会期只有10天，但却肩负着成立中华人民共和国并组建中央人民政府等艰巨的任务，因此会前的准备工作就显得尤为重要。筹备会议期间，周恩来既领导筹备会常务委员会的工作，又具体领导第三组的工作，他的出色工作有力地保障了人民政协全体会议的胜利召开。

三、周恩来与《共同纲领》的制定和人民政协的正式成立

1949年9月21日，中国人民政治协商会议第一届全体会议在

---

① 参见政协全国委员会办公厅编：《开国盛典》，中国文史出版社，2009年，第232~233页。

中南海怀仁堂开幕。周恩来代表筹备会报告出席会议的各类代表名额和已经到达北平的代表人数，并且代表筹备组提出关于大会主席团名单和秘书长人选的建议，得到全场一致通过。毛泽东致开幕词，宣布"占人类总数四分之一的中国人从此站立起来了"①。并提出了政协会议的任务。会上，周恩来当选为大会主席团成员。

9月22日，周恩来在政协会议上代表主席团作了关于主席团常务委员会名单和设立6个分组委员会的报告，代表第三小组作《关于〈中国人民政治协商会议共同纲领〉草案的起草经过和特点》的报告。周恩来指出，为了建设一个独立、民主、和平、统一和富强的中华人民共和国，在整个新民主主义时期，人民民主统一战线应当继续存在，"而且需要在组织上形成起来，以推动它的发展"，"中国人民政治协商会议，就是它的最好的组织形式"。②周恩来在会上阐明，共产党的目的是"建设一个独立、民主、和平、统一和富强的中华人民共和国。为着这个任务，我们团结国内各民主阶级、各民族和国外华侨，结成这样一个伟大的人民民主统一战线"。中国共产党、中国人民解放军和人民民主统一战线保证了人民民主革命取得了伟大的胜利。他进而阐述了共产党政权的主要制度和政策：我们的政权制度"是民主集中制的人民代表大会的制度"，我们的军队是"人民的军队"；我们的经济政策

---

① 毛泽东：《中国人从此站立起来了》，载《人民政协重要文献选编》（上），中央文献出版社、中国文史出版社，2009年，第43页。

② 周恩来：《人民政协共同纲领草案的特点》，载《人民政协重要文献选编》（上），中央文献出版社、中国文史出版社，2009年，第52页。

要"达到发展生产繁荣经济的目的","国营经济是领导的成分";我们的文化政策是"民族的形式,科学的内容,大众的方向";我们的外交政策为"保障本国独立、自由和领土主权的完整,拥护国际的持久和平和各国人民间的友好合作",我们的国家要"成为各民族友爱合作的大家庭"。①

9月27—29日,中国人民政治协商会议第一届全体会议在周恩来主持下先后通过了起着临时宪法作用的《中国人民政治协商会议共同纲领》《中华人民共和国中央人民政府组织法》《关于选举中国人民政协全国委员会和中央人民政府委员会的规定》,以及中华人民共和国国都、纪年、国歌、国旗四个议案。周恩来解释《共同纲领》时特意说明:"行使国家政权的机关就是各级人民代表大会和各级人民政府。"②

具有宪法性质的《共同纲领》是共产党领导的多党合作与政治协商制度确立的法律基础和政治基础。《共同纲领》在序言中明确规定:"中国人民民主专政是中国工人阶级、农民阶级、小资产阶级、民族资产阶级及其他爱国民主分子的人民民主统一战线的政权,而以工农联盟为基础,以工人阶级为领导"。这样就从法律上确认了工人阶级的领导地位,当然也就确认了中国工人阶级先锋队——中国共产党的领导地位,从而为中国共产党执政的合法性提供了依据。这次会议通过《中国人民政治协商会议组织法》《中华人民共和国中央人民政府组织法》《中国人民政治

---

① 《周恩来选集》(上卷),人民出版社,1980年,第367~371页。

② 周恩来:《人民政协共同纲领草案的特点》,《周恩来选集》(上卷),人民出版社,1980年,第369页。

协商会议共同纲领》等历史性文献，以宪法性文件的形式确认和
保障了中国共产党领导的多党合作和政治协商制度，使它成为
我国基本的政治制度之一。《共同纲领》明确规定："由中国共产
党、各民主党派、各人民团体、各地区、人民解放军、各少数民族、
国外华侨及其他爱国民主分子的代表们所组成的中国人民政治
协商会议，就是人民民主统一战线的组织形式。"该纲领在第二
章政权机关中还规定中国人民政治协商会议的组织成分，"应包
含有工人阶级、农民阶级、革命军人、知识分子、小资产阶级、民
族资产阶级、少数民族、国外华侨及其他爱国民主分子的代表"。
这就明确规定了人民政治协商会议是人民民主统一战线的组织
形式和多党合作制度的组织机构。

9月30日，周恩来出席中国人民政治协商会议第一届全体会
议闭幕式。会议选出63人组成中央人民政府委员会、180人组成
中国人民政治协商会议第一届全国委员会。周恩来当选为中国
人民政治协商会议全国委员会常务委员、副主席。会上，他提议
将"为国牺牲的人民英雄纪念碑"建在天安门广场，并为此作了
说明，因为这里有五四运动以来的革命传统，同时还是全国和世
界人民敬仰的地方。这个意见得到全体代表一致赞同。至此，在
周恩来等人的辛勤工作下，中国人民政治协商会议正式诞生了。
新政协的召开和《共同纲领》的通过，标志着中国共产党领导下
的多党合作和政治协商制度的正式确立，开创了我国政治制度
一个崭新的阶段。

第二章

周恩来关于人民政协性质、
地位和任务的论述

　　1949 年 9 月 21—30 日，中国人民政治协商会议第一届全体会议在北京召开。这是一次由中国共产党发起并领导的，有各民主党派、无党派民主人士和人民团体代表参加的，协商成立中华人民共和国有关事宜的会议。人民政协的建立，标志着人民民主统一战线已由一般的政治联盟上升为具有具体组织形式、有共同纲领的政治联盟实体。人民政协是中国人民的伟大创举，它是中国具体国情和时代发展进程的产物。作为中国共产党第一代领导集体的重要核心成员和人民政协事业的主要奠基人之一，周恩来在探索中国革命和建设道路的伟大实践中，为人民政协事业的创立和发展倾注了大量的心血，并对具有中国特色的统一战线组织和社会主义民主形式进行了深刻的理论思考。他对人民政协的性质、地位和作用等重大问题的论述，对人民政协理论的形成和发展具有重要意义。

第一节 关于人民政协的性质

人民政协的性质是人民政协理论的一个核心问题，是人民政协开展一切活动的基本依据。它决定着人民政协在中国政治制度中的地位和作用。周恩来在《关于人民政协的几个问题》中对人民政协的性质作了说明："中国人民政治协商会议是一个包含了工人阶级、农民阶级、城市小资产阶级、民族资产阶级和一切爱国民主人士的统一战线组织。""肯定地说，这一组织便是中国共产党过去所主张的民族民主统一战线的形式。它绝对不同于旧的政治协商会议，旧的政治协商会议已经让国民党反动派破坏了。可是大家都熟悉这一组织形式，所以今天我们沿用了这个名称，而增加了新的内容。"周恩来对人民政协性质的认识主要包含三个方面：

一、人民政协是中国共产党领导的统一战线的发展产物

选择什么样的制度形态，从根本上说取决于一个国家的社会性质和根本制度，同时与其特定的社会历史条件、政治经济状况、民族文化传统密不可分。人民政协的产生是中国历史发展的必然。"从五四运动以来，中国有了共产党，有了第一次国共合作，有了大革命运动，经过了四个革命阶段即北伐战争、土地革命、八年抗战和最近三年来的人民解放战争，才形成今天中国人

民政治协商会议这样的组织。"①人民政协是中国共产党领导的中国人民民主统一战线的组织。"这种统一战线的发起远在第一次大革命时期。由于中国共产党的提议和努力，获得了孙中山先生的同意，改组了国民党，促成了国共合作，胜利地举行了北伐。后来这个统一战线被蒋介石破坏了。但是中国共产党仍然努力组织人民的反帝反封建的统一战线，尤其是毛泽东同志更使这个政策得到了进一步的发展和成功。可是国民党反动派是始终反对统一战线的，它在抗日战争时期发动三次反共高潮，而在抗日战争结束以后，又推翻双十协议和政协决议，最后终于发动了大规模的内战。这次内战教育了人民，使广大人民逐渐地走到一致拥护人民解放军进行解放战争，消灭反动派，把革命进行到底。"②伴随着全国解放战争的胜利发展，1948 年 4 月 30 日，中共中央发出《纪念五一劳动节口号》，号召"各民主党派、各人民团体、各社会贤达迅速召开政治协商会议，讨论并实现召集人民代表大会，成立民主联合政府"。这一号召得到了海内外各界人士的积极响应。之后，海内外各界民主人士和爱国人士克服重重困难，先后到达北平，准备参加新政协会议。经过精心准备，1949 年 9 月 21 日，人民政协第一届全体会议在北平召开。经过共产党与各界爱国民主人士的协商讨论，会议一致通过了《中国人民政治协商会议共同纲领》《中国人民政治协商会议组织法》《中华人民

① 周恩来：《关于人民政协的几个问题》，载《人民政协重要文献选编》（上），中央文献出版社、中国文史出版社，2009 年，第29页。

② 周恩来：《人民政协共同纲领草案的特点》，载《人民政协重要文献选编》（上），中央文献出版社、中国文史出版社，2009 年，第51~52页。

共和国中央人民政府组织法》和《中国人民政治协商会议第一届全体会议宣言》，还通过了中华人民共和国的国都、纪年、国歌、国旗等决议案，选举产生了人民政协第一届全国委员会。

中国革命的历史证实，中国选择人民政协不是哪一个人的意志，也不是哪一个政党的意志，而是中国革命与人民的必然选择。人民政协是中国一百多年来革命运动特别是三十多年来新民主主义革命运动历史积累的结果，这种结果是由中国的历史条件和中国革命的特殊性决定的。在旧中国，帝国主义、封建主义和官僚资本主义的力量异常强大，而革命的力量特别是产业无产阶级的力量比较薄弱。在革命力量与反革命力量之间存在着大量的中间力量，即民族资产阶级和小资产阶级。中国共产党只有联合一切可以联合的力量，组成最广泛的统一战线才能取得革命的胜利。与此同时，以民族资产阶级、城市小资产阶级及其知识分子为阶级基础形成的各民主党派，其政治主张是反对帝国主义侵略，要求国家独立，要求政治民主，反对国民党一党独裁。这种政治主张符合中国共产党新民主主义革命纲领，使得双方的合作有了共同的政治基础。对于民主党派，中国共产党与国民党采取了截然不同的态度。国民党实行一党专政，压迫民主党派，而共产党则同一切可以争取的力量进行合作，"这种历史条件，使中国的民族资产阶级、各民主党派能够在民主革命时期逐步在国民党与共产党两个大党的对立斗争中选择了共产党"①。在中国共产党的积极推动和正确政策指引下，在民主革命时期形

---

① 周恩来：《长期共存，互相监督》，载《周恩来统一战线文选》，人民出版社，1984年，第348页。

成了以工人阶级为领导包括工人阶级、农民阶级、小资产阶级和民族资产阶级的广泛的统一战线。结成这样一个伟大的人民民主统一战线，"这不仅是中国共产党为之奋斗了二十八年的主张，也是各民主党派、各人民团体、各区域、军队、国内少数民族、国外华侨，以及一切爱国民主人士所拥护和赞助的"①。

中国共产党在设计新民主主义政治体制的过程中，也充分考虑了中国革命的特点。1949年9月22日，周恩来指出："新民主主义的政权制度是民主集中制的人民代表大会制度，它完全不同于旧民主的议会制度，而是属于以社会主义苏联为代表的代表大会制度的范畴之内的。但是也不完全同于苏联制度，苏联已经消灭了阶级，而我们则是各革命阶级的联盟。我们的这个特点，就表现在中国人民政治协商会议的形式。"②人民政协"可以说这是一百多年来民族民主革命运动牺牲奋斗的果实，也可以说是三十年来新民主主义革命运动获得胜利的集中表现。假如没有一百多年来革命运动的历史积累，尤其是三十多年来的新民主主义革命运动，便不可能有今天这样济济一堂的政治协商会议"③。

①　周恩来：《人民政协共同纲领草案的特点》，载《人民政协重要文献选编》（上），中央文献出版社、中国文史出版社，2009年，第51页。

②　同上，第54页。

③　周恩来：《关于人民政协的几个问题》，载《人民政协重要文献选编》（上），中央文献出版社、中国文史出版社，2009年，第29页。

二、中国人民政治协商会议是人民民主统一战线的最好的组织形式

在《人民政协共同纲领草案的特点》中，周恩来指出："毛泽东同志在《论人民民主专政》的论文中，明确地指出中国共产党、中国人民解放军和人民民主统一战线保证了人民民主革命取得今天的胜利。所以在筹备会讨论中，大家认为在整个新民主主义时期，这样一个统一战线应当继续下去，而且需要在组织上形成起来，以推动它的发展。大家同意：中国人民政治协商会议，就是它的最好的组织形式"。人民政协作为人民民主统一战线最好的组织形式，主要体现在组织上具有广泛的代表性，政治上具有巨大的包容性。

人民政协在组织上具有广泛的代表性。周恩来在中国人民政治协商会议第一届全体会议召开前向政协代表作报告时指出："为了扩大政协的代表性，首先要扩大参加政协的成分、单位和名额，使它能够代表全国各民主阶级、各民族人民的愿望和要求。"但"我们在确定代表名额和人选的时候，不是平均主义的，而是有重点的。重点在哪里呢？就是'以工农联盟为基础，以工人阶级为领导'……参加这次会议的不仅有各民主党派，有多年来为民主事业而奋斗的无党派民主人士，还有各解放区的代表……除此以外，还有待解放区的代表，包括华南解放军的代表。"

有了重点，同时又照顾到了各个方面。在各人民团体的代表中，除工人代表、农民代表外，还有妇女代表、青年代表、学生

代表、文艺工作者代表、新闻界代表、工商界代表、教育工作者代表、自然科学工作者代表、社会科学工作者代表。我们也照顾到还不能立刻组织团体的方面,如自由职业者代表。我们还照顾到海外华侨和少数民族。这就是参加人民政治协商会议的四十五个单位产生的大体情况。但是尽管如此还是不够全面,所以又设了一个特邀单位。其中有在中国整个民主革命阶段中,始终站在正义事业方面的,如孙夫人和她领导的救济单位。也有从事科学研究和工业建设的人才,如中央研究院陶孟和先生和资源委员会钱昌照先生。也有一向或在某一个时期和我们有某种联系和朋友来往,同情人民事业,一旦解放了便站在人民这方面的,如福建萨镇冰先生,张难先先生。也有从事民主运动在解放区服务很久的朋友,如陈瑾昆先生。也有是参加这次和平运动有功的,如上海人民代表团颜惠庆先生,南京和平代表团张治中、邵力子等先生。程潜先生也是响应和平号召投到人民方面来的。起义的将军有的作为解放军代表参加会议,如吴奇伟将军、曾泽生将军、张轸将军,也有的参加到特邀单位中。海军、空军的代表也在特邀单位中。还有愿意为建设新的人民的艺术而服务的人物,我们也邀请了,如周信芳、梅兰芳、程砚秋几位先生。邀请的代表还有劳动界护厂有功的工人、劳动英雄和在各解放区单位安排不下的,如晋察冀的戎冠秀先生。①

---

① 周恩来:《关于人民政协的几个问题》,载《人民政协重要文献选编》(上),中央文献出版社、中国文史出版社,2009年,第30~32页。

　　从参加第一届全国政治协商会议代表来看，人民政协在组织上具有广泛的代表性。

　　人民政协在政治上具有巨大的包容性。政党关系的共存是人民政协长期存在的实质。中华人民共和国成立后，以什么样的政党关系来维护新生政权，新生政权的政治设计能否调整各政党间的关系？这些问题都涉及了人民政协的政治包容性问题。"政协不是一盆清水，如果是一盆清水就没意思了。政协就是要团结各方面的人，只要他拥护宪法，立场站过来我们就欢迎。"①人民政协是以党派为基础组成的，除了共产党外，还有各民主党派和无党派民主人士参加。政协第一届全体会议 662 名代表中，党派代表，包括共产党和各民主党派代表，就占了 74%。而"无党派民主人士"，周恩来认为，他们是"在中国革命的具体历史条件下发展形成的，他们在形式上没有结成党派，但实质上是有党派性的"，是"没有党派组织的有党派性的民主人士"。所以他说：人民政协"本身是统一战线组织，也就是党派性的联合组织"。周恩来又进一步指出："新民主主义时代既有各阶级的存在，就会有各党派的存在。旧民主国家的统治者是资产阶级，其所属各派必然是互相排挤，争权夺利。新民主主义国家的各阶级在工人阶级领导之下，虽然各阶级的利益和意见仍有不同之处，但是在共同要求上、在主要政策上是能够求得一致的，筹备会通过的共同纲

---

　　① 周恩来：《关于政协章程和政协第二届全国委员会委员名单问题》，载《人民政协重要文献选编》（上），中央文献出版社、中国文史出版社，2009年，第195页。

领草案就是一个最明显的证明。"①这体现了中国共产党有能力来处理政党关系。社会主义改造完成后，周恩来针对党内存在的一些思想指出："既然我们在民主革命时期和社会主义改造时期，都能和民族资产阶级、各民主党派共同合作，团结在一起，那么，怎么能够设想进入社会主义建设时期，就不能同民主党派、党外人士继续合作下去呢？""为什么一定要其他的民主党派都参加共产党呢？一些民主人士继续留在民主党派里面，和我们一道合作，有什么不好？"②从我国社会发展的实际情况来看，"我们这样的大国，多一点党派去联系各个方面的群众，对国家，对人民的事业，有好处"③。

三、不同于旧的政治协商会议，中国人民政治协商会议被赋予新的内容

在《关于人民政协的几个问题》中，周恩来指出："政协是沿用了旧的政治协商会议的名称，但以它的组织和性质来说，所以能够发展成为今天这样的会，绝不是发源于旧的政协。"中国人民政治协商会议被赋予新的内容。

（1）议事程序。周恩来指出："新民主主义议事的特点之一，就是会前经过多方协商和酝酿，使大家都对要讨论决定的东西

① 周恩来：《人民政协共同纲领草案的特点》，载《人民政协重要文献选编》(上)，中央文献出版社、中国文史出版社，2009年，第53页。

② 周恩来：《长期共存，互相监督》，载《人民政协重要文献选编》(上)，中央文献出版社、中国文史出版社，2009年，第302页。

③ 同上，第303页。

事先有个认识和了解,然后再拿到会议上去讨论决定,达成共同的协议。"①政治协商成为人民政协的题中之意。其一,在人民政协组织中,各党派、各人民团体、各族各界代表人士就国家的大政方针和重要事务在决策之前进行讨论协商,提出建议和意见,以修改或完善决策,这种协商对决策具有重要的影响。全国人民代表大会未召开前,代行人民代表大会职权的人民政协是国家权力机关,协商过程就是政策决策过程。但1954年后,人民政协的政治协商并不是决策,协商中的各种意见也不具有法律上的制约力,成了体现人民民主的方式。其二,人民政协的民主协商是以特定的范围、特定的内容和特定的形式进行的。这种民主协商是在政协各参加单位和个人这个确定范围内、经过人民政协的会议形式和其他形式,以国家与地方或统一战线内部的重要事项为内容,按照政协章程和其他有关规定所确定的原则与工作程序进行的。

(2)党派平等。人民政协中"民主党派在共产党领导下,在宪法赋予的权利义务范围内,有政治自由和组织独立性"②。政治协商是参加人民政协的各个方面民主的、平等的、真诚的协商。参加人民政协的各单位在法律上地位是平等的,任何一方都不能把自己的意见强加于人。政协的各种重要事项和内部关系都是经过协商确定的。政协协商重点不在于事后表决,而在于事前广

---

① 周恩来:《关于人民政协的几个问题》,载《人民政协重要文献选编》(上),中央文献出版社、中国文史出版社,2009年,第29页。

② 周恩来:《各民主党派在宪法范围内有政治自由和组织独立性》,载《人民政协重要文献选编》(上),中央文献出版社、中国文史出版社,2009年,第306页。

泛听取各方面的意见,进行充分讨论,最大限度求得共识。需要对协商问题作出决议时,也是在充分协商之后再按少数服从多数的原则进行表决,表决后如果仍有人坚持不同意见,在不违反章程规定的各项原则的前提下,即使这些意见不正确,也允许保留。这种民主协商办事的原则,同国家权力机关、行政机关、司法机关和其他政治组织的办事原则有着显著的区别。

(3)党派合作。执政党与参政党的合作共事,是中国共产党人的创造。周恩来认为,既然中国有民主党派,并且中国共产党在进行革命和建设时必须与各民主党派进行合作,"要合作就要有各党派统一合作的组织","这个组织在今天叫中国人民政治协商会议"。对政协性质作这样的界定,就把政协与我国的政权机构和其他政治组织区分开来。人民政协作为共产党领导的多党合作和政治协商的重要机构,是以中国共产党为领导核心,以各民主党派、各人民团体为基础组成的。人民政协是中国唯一的由所有合法政党参加的,并以本党派名义在其中活动的多党合作组织。

作为人民政协一大特色的党派合作性,集中表现为党派性与合作性二者的统一。在任何存在多个政党的国家,都有可能出现这样或那样的党派合作,但我国的多党合作同各自利益至上、各以自身获得执政地位为目的狭隘的、暂时的、松散的党派联合显著不同。在我国,党派间的合作具有广泛性、长期性和稳定性的特点,是在根本利益、根本目标一致基础上的合作;是以宪法为根本依据,遵循政协章程确定的政治原则为共同基础的合作;是以接受共产党的政治领导,各党派享有组织独立的合作;是作为我国一项基本政治制度的合作。而多党派长期共存，并在共产党领导下团结合作，这种新型的社会主义政党关系，正是人民政协存在和发展的主要依据。在人民政协里，各民主党派以政党为参加单位，它的中央、总部参加全国政协，它的地方分部参加地方政协，与各人民团体共同构成政协组织的基础。同时，中国共产党同各民主党派"长期共存、互相监督、肝胆相照、荣辱与共"这一团结合作的基本方针也是政协工作的基本方针。按照这个方针，各民主党派在人民政协中可以就国家大事和多党合作中的重大问题，以本党名义提出提案、发表政见，同共产党进行互相监督；共产党也可以同民主党派进行政治协商，沟通情况，交流思想，开展批评和自我批评，巩固团结，增进共识。此外，各民主党派还同中国共产党及其他参加单位一起，制定了共同遵守的政协章程，明确了团结合作中的工作准则和组织原则，建立了合作、协商的一系列相互配套的具体制度，形成了有利于巩固与加强团结合作的优良传统和作风。

在周恩来对人民政协性质的说明基础上，人民政协第一届全体会议通过《中国人民政治协商会议共同纲领》。其规定：人民政协是"由中国共产党、各民主党派、各人民团体、各地区、人民解放军、各少数民族、国外华侨及其他爱国民主分子的代表们所组成的中国人民政治协商会议，就是人民民主统一战线的组织形式"。1954年，全国政协二届一次会议把人民政协组织法改成人民政协章程。这部章程（草案）的说明，按照毛泽东的意见对人民政协的性质做出了新的阐述："今后中国人民政治协商会议的性质是：团结全国各族人民、各民主阶级、各民主党派、各人民团体、国外华侨和其他爱国民主人士的人民民主统一战线"。1956年，周恩来针对"有人问，现在我们政协在性质上有什么发展？名称是不是需要改变？"的疑问，指出："从政协成立开始就强调：我们的统一战线是人民民主统一战线。人民民主统一战线毫无疑问是以共产党、工人阶级为领导的、工农联盟为基础的，还有各民主党派、各民主阶级、各人民团体、各民族以及各地区代表、解放军、海外华侨、爱国民主人士参加的统一战线。"①

人民政协的产生是中国共产党领导的多党合作的成功，它不仅标志着中国人民在思想政治上的广泛团结，而且也把中国共产党与民主党派和无党派人士从新民主主义革命时期开始就建立的政治合作关系，从组织上确定了下来。人民政协成了多党合作、政治协商、和谐共事的组织机构。中华人民共和国成立以来，尽管不同时期对政协性质的具体表述有所不同，但政协作为人民民主统一战线的组织这个性质一直没有变。

第二节　关于人民政协的地位

一、普选的全国人民代表大会召开前，政协全体会议代行人大职权

人民政协代行全国人民代表大会的职权，是特定历史条件下的特殊情况。周恩来在中国人民政治协商会议第一届全体会

---

① 周恩来：《关于人民民主统一战线的性质》，载《人民政协重要文献选编》（上），中央文献出版社、中国文史出版社，2009年，第264页。

议召开前向政协代表作报告时说明，"在全国各地方未能实行普选以前，中国人民政治协商会议和它的地方委员会分别执行全国和地方的人民代表大会的职权。我们现在即将举行的中国人民政治协商会议第一届全体会议，便是执行全国人民代表大会的职权来通过中国人民政治协商会议的组织法、共同纲领和中华人民共和国中央人民政府组织法，并选举中央人民政府委员会。人民政协全国委员会，便是同中央人民政府协议事情的机构。一切大政方针，都先要经过全国委员会协议，然后建议政府施行"①。毛泽东则指出："现在的中国人民政治协商会议是在完全新的基础之上召开的，它具有代表全国人民的性质，它获得全国人民的信任和拥护。因此，中国人民政治协商会议宣布自己执行全国人民代表大会的职权。中国人民政治协商会议在自己的议程中将要制定中国人民政治协商会议的组织法，制定中华人民共和国中央人民政府的组织法，制定中国人民政治协商会议的共同纲领，选举中国人民政治协商会议的全国委员会，选举中华人民共和国中央人民政府委员会，制定中华人民共和国的国旗和国徽，决定中华人民共和国国都的所在地以及采取和世界大多数国家一样的年号。"②

---

① 周恩来：《关于人民政协的几个问题》，载《人民政协重要文献选编》（上），中央文献出版社、中国文史出版社，2009年，第36页。

② 毛泽东：《中国人从此站起来了》，载《人民政协重要文献选编》（上），中央文献出版社、中国文史出版社，2009年，第43页。

二、全国人民代表大会召开后，人民政协是长期性存在的"参谋机关""策划机关"和"建议机关"

1954 年全国人民代表大会召开后，周恩来对人民政协的地位做了说明："第一届政协代行全国人民代表大会职权，本身并不是人民代表大会，这点必须弄清。人大既开，政协代行人大职权的政权机关作用已经失去，但政协本身的统一战线的作用仍然存在，去掉一个代行的作用，留下本身的作用。从过去五年来说，作为代行权力机关只是第一届全体会议，几天会散了，权力已授给中央人民政府，所以代行政权的是全体会议，经常起作用的是全国委员会、常务委员会，这是统一战线组织。今后这个组织在中国共产党领导下，继续作为团结全国各民族、各民主阶级、各民主党派、各人民团体、国外华侨和其他爱国民主人士的人民民主统一战线的组织，发挥它应有的作用，而不是不起作用。应把这个问题说得更清楚。"①

人民政协需要长期存在。毛泽东针对"召开全国人民代表大会以后，有些人认为政协的作用不大了，政协是否需要成了问题"作了回答："现在证明是需要的。政协全国委员会委员五百五十九人当中，当全国人民代表大会代表的一百四十人，只占总数的四分之一，还有四分之三不是人大代表，可见通过政协容纳许多人来商量事情很需要。虽然全国和地方的人民代表大会、国务

---

① 周恩来：《人民政协的五项任务》，载《人民政协重要文献选编》（上），中央文献出版社、中国文史出版社，2009年，第205页。

院和各省市人民委员会各方面都容纳了许多人，但是还需要政协全国委员会和政协地方委员会。"①周恩来也指出："在这次政协会议的召开中，曾经有两种错误想法：一种想法是，以为人大已经召开了，宪法已经公布了，人民政协就没有存在的必要了；另一种想法是，仍然把政协看作是政权机关。这两种想法出于同一来源，就是不懂得政协本身是统一战线的组织，也就是党派性的联合组织。阶级存在，党派性也就存在，统一战线也就需要，这是一个真理。"②其实，早在中国人民政治协商会议第一届全体会议上，周恩来就指出："在讨论中曾经出现过两种其他的想法：第一种以为等到人民代表大会召开之后，就再不需要人民政协这样的组织了；第二种以为由于各党派这样团结一致，推动新民主主义很快地发展，党派的存在就不会很久了。后来大家在讨论中认为这两种想法是不恰当的，因为他们不合于中国革命的发展和建设的需要。"周恩来还指出："等到将来根据全国革命形势的发展和土地改革的情况及人民进步的程度，才可能把普选由个别地方逐渐推广到全国，召开全国人民代表大会。那时中国人民政治协商会议全体会议才不再代行全国人民代表大会的职权，但是它仍将以统一战线的组织形式而存在，国家大政方针，仍要

① 毛泽东：《关于政协的性质和任务》，载《人民政协重要文献选编》(上)，中央文献出版社、中国文史出版社，2009年，第200页。

② 周恩来：《人民政协的五项任务》，载《人民政协重要文献选编》(上)，中央文献出版社、中国文史出版社，2009年，第205页。

经过人民政协进行协商。地方委员会的情形也是如此。"①

人民政协是"参谋机关""策划机关"和"建议机关"。从性质的角度来看,人民政协是实现广泛团结、联合各界的组织形式,也是中国共产党同各民主党派、无党派民主人士团结合作,进行政治协商和互相监督的政治组织;这种政治组织,既不是单一的党派组织(政党),也不是国家权力机关和执行机关。毛泽东指出:"政协的性质有别于国家权力机关——全国人民代表大会,它也不是国家的行政机关。有人说,政协全国委员会的职权要相等或大体相等于国家机关,才说明它是被重视的。如果这样说,那么共产党没有制宪之权,不能制定法律,不能下命令,只能提建议,是否也就不重要了呢?不能这样看。如果把政协全国委员会也搞成国家机关,那就会一国二公,是不行的。要区别各有各的职权。"并明确指出政协"是各党派的协商机关,是党派性的机关"②。这就廓清了人民政协同中国共产党和其他民主党派的区别,也廓清了人民政协同人民代表大会和政府的区别。周恩来《在政协第二届全国委员会常委会第五十二次会议上的讲话》中进一步指出了人民政协与人大的关系,"人大、政协两个会有不同之处,权力上有分别,但应该说两会只是有权力之分,无高低之别。两个会是有权力之别的,但政治地位上是平等的"。对于人民政协与政府、国家机关工作的关系,周恩来早在 1949 年 9 月

---

① 周恩来:《关于人民政协的几个问题》,载《人民政协重要文献选编》(上),中央文献出版社、中国文史出版社,2009年,第36页。

② 毛泽东:《关于政协的性质和任务》,载《人民政协重要文献选编》(上),中央文献出版社、中国文史出版社,2009年,第200页。

中国人民政治协商会议第一届全体会议就指出："就是在普选的全国人民代表大会召开以后，政协会议还将对中央政府的工作起协商、参谋和推动的作用。"①在 1957 年 3 月的一次会议上，周恩来把人民政协与政府之间的关系讲得更加明确，有了人民代表大会，政治协商会议就可以和国家行政机关唱对台戏，起监督作用。有团结，有制约，政治运用上要安排恰当，目的是为了团结。

从职能的角度来看，由于人民政协不是国家权力机关，也不是行政管理机关，而是统一战线性质的协商机关，它在国家政治生活中所发挥的作用与人民代表大会和各级人民政府所发挥的作用又有很大的不同。周恩来提出："在新民主主义社会里，一是革命战争，一是统一战线，这是不可缺少的建国要素。既然是组织，就应当有全体会议、全国委员会、常务委员会进行合作，下层是地方委员会。这四种组织是统一战线的新组织形式，是政策大本营的司令部，它来策划将来选举，它经常是个参谋机关，全国统帅是人民代表大会，将来普选后它本身将退为单纯的策划机关。这就是权力虽小，作用甚大的意思。到普选时，这个组织法将会要修改的，这个组织的职权将退为建议机关。"②以上完全可以看作是对人民政协地位的认定，其中有三个关键词：参谋机关、策划机关、建议机关，则初步定性了人民政协的地位。

---

①　周恩来：《人民政协共同纲领草案的特点》，载《周恩来统一战线文选》，人民出版社，1984年，第146页。

②　周恩来：《关于人民政协的性质和作用问题》，引自人民网，http://www.people.com.cn/GB/shizheng/8198/37736/37760/。

三、人民政协是我国政治体制的重要组成部分

人民政协的地位,是由中国的基本政治制度所决定的。"中华人民共和国为新民主主义即人民民主主义的国家,实行工人阶级领导的,以工农联盟为基础的、团结各民主阶级和国内各民族的人民民主专政,反对帝国主义、封建主义和官僚资本主义,为中国的独立、民主,和平、统一和富强而奋斗。"①这是我国国体,国体决定政体。我国政治制度的基本结构是在中国共产党的统一领导下,实行人民代表大会制度、多党合作和政治协商制度、民族区域自治制度和基层群众自治制度。人民代表大会制度是我国的根本政治制度,中国共产党领导的多党合作和政治协商制度是基本政治制度。根本政治制度处于决定性地位,其决定权具有法律效应;而基本政治制度没有决定权,其影响力也不具有法律效应。实现人民代表大会制度的组织形式是各级人民代表大会,实现多党合作和政治协商制度的重要组织形式是各级人民政协。在我国,实现多党合作和政治协商的方式很多,例如:中共中央及地方党委领导人同各民主党派领导人、无党派代表人士协商重大事项,民主党派成员、无党派人士在人民代表大会中以人民代表的身份参加国家权力机关的各种活动,民主党派成员、无党派人士担任各级政府及司法机关的领导职务,各党派、各人民团体、各界代表在人民政协中团结合作、参政议政,等

① 《中国人民政治协商会议共同纲领》,载《人民政协重要文献选编》(上),中央文献出版社、中国文史出版社,2009年,第80页。

等。这些方式都十分重要,不可或缺。人民政协是各党派共同组成的多党合作和政治协商的固定组织,是各党派、团体和界别共商国是、互相监督的专门机构。没有人民政协,多党合作和政治协商制度便失去了重要的组织依托。

与我国社会主义政治制度的基本结构相适应,在组织上就是在我国各级行政区划单位普遍设有性质、职权、职责各不相同的四大机构:这中国共产党各级委员会、各级人民代表大会、各级人民政府和人民政协各级委员会。在这四大机构中,中国共产党是执政党,是中国社会主义事业的领导核心,是我国政治体制中的领导力量;人民代表大会是人民选举产生的国家权力机关,是人民代表大会制度的组织形式;人民政府是国家权力机关的执行机关,是管理国家事务的行政机关;人民政协是我国执政党同各参政党及无党派民主人士互相监督、合作共事的政治组织,是国家政治体制中进行政治协商、民主监督、参政议政的机构。在这四大机构之间,人大与政府不是三权分立之下立法机关同行政机关的关系,人大与政协不是两院制之下的上下议院关系。人民政协不是国家权力机关,对人大没有制衡作用。人大、政府、政协,统一在中国共产党的领导下,分工协作,各司其职,互为补充,相辅相成。这正是适合中国国情的政治结构。这种政治结构即"现在有党的系统,有政权的系统,再加上政协的系统,这就更能反映各个方面的意见,并有利于决议的贯彻执行"①。

---

① 周恩来:《人民政协全国委员会会议党组活动的方针》,载《人民政协重要文献选编》(上),中央文献出版社、中国文史出版社,2009年,第118页。

第三节　关于人民政协的任务和作用

自中华人民共和国成立以来,关于国家的经济建设、政治生活、社会生活和统一战线的许多重大问题,都在人民政协进行过协商。这种协商,可以通过各方面充分展开讨论,反复交换意见,使国家制定的各项政策和法规更加充实和完备,既符合最大多数人民的要求和愿望,又尊重少数人的合理意见。这种在决策之前进行政治协商的做法,是中国社会主义民主制度的一个重要特点和优点。人民政协的主要职能是政治协商、民主监督、参政议政。这三项主要职能是各党派团体、各族各界人士在中国政治体制中参与国是、发挥作用的重要内容和基本形式,体现了人民政协的性质和特点,是人民政协区别于其他政治组织的重要标志。

一、1949年《中国人民政治协商会议组织法》规定人民政协的任务,周恩来对此作了进一步说明

1949 年 9 月通过的《中国人民政治协商会议组织法》第一条规定:"中国人民政治协商会议(以下简称中国人民政协)为全中国人民民主统一战线的组织,旨在经过各民主党派及人民团体的团结,去团结全中国各民主阶级、各民族,共同努力,实行新民主主义,反对帝国主义、封建主义及官僚资本主义,推翻国民党的反动统治,肃清公开的及暗藏的反革命残余力量,医治战争创伤,恢复并发展人民的经济事业及文化教育事业,巩固国防,并联合世界上以平等待我之民族及国家,以建立及巩固由工人阶

级领导的以工农联盟为基础的人民民主专政的独立、民主、和平、统一及富强的中华人民共和国。"

由此我们可以看到,中国人民政治协商会议是负有伟大的建国责任的。建设中华人民共和国,必须经过参加人民政治协商会议的各民主党派、各人民团体、国内少数民族、海外华侨和一切爱国人士共同努力,必须动员全国人民共同参加。我们要很好地组织起来,团结起来,团结一切人民力量,来完成这一伟大使命。

周恩来进一步指出:

政协组织所包含的成分,是非常广泛的。它的任务是团结工人阶级、农民阶级、小资产阶级、民族资产阶级以及一切爱国民主人士、国内少数民族和海外华侨,共同反对帝国主义、封建主义和官僚资本主义,建设新民主主义的中华人民共和国。这也就是中国人民政治协商会议奋斗的目标。①

由此来看, 人民政协在新民主主义时期的任务是建设中华人民共和国。因为当时的中国人民政治协商会议代行全国人民代表大会的职权,对国家建设进行了总体安排。一是新民主主义

---

① 周恩来:《关于人民政协的几个问题》,载《人民政协重要文献选编》(上),中央文献出版社、中国文史出版社,2009年,第35~36页。

的政权制度问题。"新民主主义的政权制度是民主集中制的人民代表大会的制度"。二是军事制度问题。人民解放军"能正确地执行政策,并帮助人民劳动。政治工作制度是它的灵魂"。三是新民主主义的经济政策问题。"基本精神是照顾四面八方,就是实行公私兼顾、劳资两利、城乡互助、内外交流的政策,以达到发展生产繁荣经济的目的。"四是新民主主义的文化政策问题。五是新民主主义的民族政策问题。"基本精神是使中华人民共和国成为各民族友爱合作的大家庭,必须反对各民族的内部的公敌和外部的帝国主义。"六是新民主主义的外交政策问题。规定了"保障什么,拥护什么,反对什么,即保障本国独立、自由和领土主权的完整,拥护国际的持久和平和各国人民间的友好合作,反对帝国主义的侵略政策和战争政策"。

人民政协在国家建设的安排中实现着自己的职能,为中华人民共和国的建设起着重要作用。1954年的中国人民政治协商会议章程对1949—1954年的人民政协作了总结:"中国人民政治协商会议第一届全体会议选出了全国委员会,在地方由省、市协商委员会代行了地方委员会的职权。五年多来,全国委员会和各省、市协商委员会在各种社会改革运动中,在伟大的保卫祖国保卫和平的抗美援朝斗争中,在协助政府动员人民参加政治、经济、文化各方面的建设工作中,在巩固和扩大统一战线的组织工作中,在进行思想改造工作中,都发挥了重要的作用。"[①]

---

① 《中国人民政治协商会议章程》,载《人民政协重要文献选编》(上),中央文献出版社、中国文史出版社,2009年,第211页。

二、1954年毛泽东论述人民政协的任务，周恩来对此作了进一步解释

　　1954 年 9 月，全国人民代表大会第一次会议在北京召开。会议通过并公布了《中华人民共和国宪法》。至此，作为代行全国人民代表大会职权的第一届中国人民政治协商会议，以圆满完成其历史使命而载入史册。全国人民代表大会召开后，周恩来在政协一届常委会第六十二次会议上明确指出："全国人民代表大会已经召开，人民政协不再代行全国人民代表大会的职权，但政协作为人民民主统一战线的组织仍将存在，今后还要继续发挥统一战线的作用。"同时，对有人提出第二届政协名单中人员庞杂的意见，他说："我们要吸收不同意见的人在一起，要善于和这些人一起协商，团结他们。这样，政治协商会议才能前进，才能有利于国家建设。"①

　　为了让政协委员们进一步明确全国人民代表大会成立后人民政协的任务，毛泽东在《关于政协的性质和任务的谈话提纲》和同参加政协二届一次会议部分党内外人士的座谈中，提出人民政协有五项任务。这五项任务涉及内政、外交、统一战线和人民政协自身建设各个方面。根据毛泽东的意见，周恩来在人民政协第二届全国委员会第一次会议上再一次明确指出，政协会议代行全国人大职权的政权机关的作用已经消失，但它本身的统

①　周恩来：《关于政协章程和政协第二届全国委员会委员名单问题》，载《周恩来统一战线文选》，人民出版社，1984年，第258~259、262页。

一战线的作用仍然存在。政协今后的任务是：

一是协商国际问题，如对外发表宣言，反对侵略，保卫和平等。周恩来在解释这项任务时说，这类事情政协做得不少，今后仍将继续，并且还会发展。人民政协的对外交往是我国总体外交的组成部分。政协的性质和特点使它可以融官方外交与民间外交于一体，开展灵活多样的活动，发挥独特的优势。有些国际事务让政协去开展，比国家政府部门去做更加有利。通过政协，既可以开展高层领导互访，又可以多层次地组织民间代表人士和各方面专家交流往来，出席或举办有关的国际会议和活动，对外发表宣言、声明等。如1950年11月14日，就是经参加政协的各党派充分协商，发表了关于抗美援朝、保家卫国的《各民主党派联合宣言》。

二是协商候选名单。周恩来解释为协商全国人大代表或地方同级人大代表的候选名单，同时对政协本身的名单进行协商。协商候选名单就是参与选举。毛泽东《关于政协的性质和任务的谈话提纲》第二点"内政"的内容，写的就是"选举"。在我国选举不是简单的投票，为了使选举真正体现人民的意愿，候选名单要在各方面听取意见，经过反复酝酿、充分协商后提出。包括人大代表的候选名单、政协委员的候选名单、国家领导人选的候选名单，都要经过充分的协商。由于当时第一届全国人大即将召开，协商产生人大代表的候选名单成为首要任务。由此可以看到，早在建国初期，老一辈革命家就已有"选举民主与协商民主相结合"的思想。

三是提意见。毛泽东在《关于政协的性质和任务的谈话提纲》

中写的这一条的内容是，"向党委和国务院提意见（社会主义改造）并加以协商"①。周恩来对这一条的解释是，"协助国家机关，推动社会力量，来解决社会生活中相互关系的问题，比如阶级关系中的问题；并联系群众，向国家有关机关反映群众意见和提出建议"②。所谓推动社会力量解决"阶级关系中的问题"，是指动员民主党派参加社会主义改造，因为当时民主党派还是代表民族资产阶级和城市上层小资产阶级的政党。由这些论述可以看到，毛泽东、周恩来讲的政协"提意见"的任务，中心思想是强调人民政协要联系社会各方力量，围绕国家中心工作，积极向党和政府反映意见、提出建议、协商国是。

四是调整关系。关于这个问题毛泽东也是首先着眼国家全局看的。他强调："国家生活存在各种关系，政协主要是调整资本主义工商业社会主义改造中的公私关系。"③毛泽东还对政协如何调整这种公私关系提出了意见，指出私营工业有很大的积极性也有消极性，要把公私方拉在一起加以调整，通过最大限度地发挥私方的积极作用，消除其消极性，解决这方面的矛盾。周恩来对这一任务的解释是，调整关系即"协商和处理政协内部和党派团体之间的合作问题，就是代表阶级的党派、团体相互之间内

---

① 毛泽东：《关于政协的性质和任务的谈话提纲》，载《老一代革命家论人民政协》，中央文献出版社，1997年，第183页。

② 周恩来：《人民政协的五项任务》，载《老一代革命家论人民政协》，中央文献出版社，1997年，第187页。

③ 毛泽东：《关于政协的性质和任务的谈话提纲》，载《老一代革命家论人民政协》，中央文献出版社，1997年，第184页。

部合作的问题"。周恩来还提出,随着社会主义改造和建设的发展,政协的这一任务不会减少,还会更多起来。从毛泽东、周恩来的这些论述可以看到,政协做"调整关系"的工作,就是要发挥政协作为统一战线组织的特有优势,通过充分调动积极因素,化消极因素为积极因素,妥善协调统一战线中的各种关系,为完成当时党和国家的总任务服务。当前政协开展这方面的工作,就是要妥善协调政党关系、民族关系、宗教关系、阶层关系和海内外同胞的关系,努力保持这些关系的和谐,为保证完成新时期党和国家的新任务服务。

五是学习。组织开展学习是加强政协自身思想建设的一项重要工作。适应形势需要,当时政协主要是强调学习马列主义。毛泽东还特别指出,学习是自愿的,马列主义也要自愿学习,而不应强迫。强迫、压迫乃是对敌对阶级的手段。周恩来解释毛泽东关于"自愿学习"的思想,进一步提出了"学习不等于信仰"。在政协有许多民族、宗教界人士,学习马列主义与宗教信仰自由是可以并存的。毛泽东、周恩来的这些论述,既强调了学习的一般重要性,又注意了在政协这个统一战线组织开展学习的特殊性。

周恩来还注意把人民政协的职能与党在各个历史时期的总任务紧密联系起来。他认为,人民政协的基本职能就是为党和国家的总路线、总任务服务。"进入了社会主义建设阶段,人民民主统一战线的任务就更重了,就要负起新的任务(当然,同时还有社会主义改造的任务),就要有新的发展。就是说,它在社会主义改造和社会主义建设取得伟大成果的基础上,现在要团结一切可以团结的力量,动员更多可以动员的因素,来参加社会主义建设,扩大我们的民主生活。这就是我们的新任务。不要把我们人民民主统一战线看成只是进行社会主义改造的,它的作用,不但表现在社会主义改造方面,而且表现在社会主义建设方面。我们要把建设的任务担当起来。"①

① 周恩来:《我国人民民主统一战线的新发展》,载《人民政协重要文献选编》(上),中央文献出版社、中国文史出版社,2009年,第335~338页。

第三章

周恩来关于人民政协的
政治协商的理论与实践

政治协商是当代中国政治生活中特有的民主政治活动。它的产生与发展，是老一辈革命家开拓创新、探索民主政治发展道路的伟大创造。周恩来作为党和国家第一代领导集体的重要成员，对构建政治协商思想体系、推动政治协商制度的形成、规范政治协商制度的发展做出了重要贡献。

第一节　提出新民主的精神在于协商

1940年前后，毛泽东系统提出了新民主主义理论，把资产阶级民主革命区分为旧民主主义革命和新民主主义革命，他明确提出："所谓新民主主义的革命，就是在无产阶级领导之下的人民大众的反帝反封建的革命。"无产阶级是新民主主义革命的领导阶级，同时，要取得革命的胜利仅凭无产阶级一个阶级的力量是不行的，必须在各种不同的情况下团结一切可能团结的力量，组织革命的统一战线。从此，由无产阶级先锋队中国共产党领导的新民主主义革命和由资产阶级领导的旧民主主义革命在理论上划清了界限。中国共产党领导各革命阶级经过团结一致、艰苦卓绝的斗争,最终取得了新民主主义革命的胜利。中华人民共和国成立前后,如何在新政权中继续团结各个进步阶级、共同推进革命事业,成为摆在共产党人面前的新课题。对此,周恩来发挥其思想风格中善于求同、敏于中和的一贯优势,提出了一系列观点,初步勾画了中华人民共和国政治协商思想的基本框架。

一、政治协商是新民主精神的重要体现

在新政协筹备期间,周恩来多次提到新民主的协商精神。他认为"事前协商"是新民主不同于旧的议会制民主的一个重要特点,是新民主精神的重要体现。1949 年 6 月 16 日,周恩来在新政治协商会议筹备会第一次全体会议上作《关于新政治协商会议筹备会组织条例(草案)的解释报告》时说:"每一个议案事先都经过酝酿,这是特别值得说明的。凡是重大的议案不只是在会场提出,事先就应提出来或在各单位讨论。新民主的特点就在此"。"凡是重大的议案提出来总是事先有协商的,协商这两个字非常好, 就包括这个新民主的精神。这一次组织条例单位事先都看过,都商量过,每个单位都可以讨论,都有讨论的时间,过去没有组织的现在形成了单位,依然可以讨论。"周恩来反复说明,新民主不是只重形式, 只重多数与少数,新民主注重各代表的真实的、实在的参与,因此所有重大事项,在会议讨论之前,总是事先公布,与大家协商。

1949 年 9 月 7 日,在人民政协第一次全体会议开会前,周恩

来在向即将出席会议的政协代表作报告时，又一次强调事先协商的重要性。他说："现在我把新政治协商会议筹备会常委会关于参加中国人民政治协商会议第一届全体会议代表人选的协商情况和中国人民政治协商会议组织法、中华人民共和国中央人民政府组织法的主要内容，向到会的代表作一个报告。""为什么要作报告呢？因为想在中国人民政治协商会议全体会议开会前，使大家对上面说的几方面情况有一个全貌的了解，以便引起大家对这些问题的注意和研究。到开会的时候才把只有少数人了解的东西或者是临时提出的意见拿出来让大家来讨论决定，这是旧民主主义议会中议事的办法。新民主主义议事的特点之一，就是会前经过多方协商和酝酿，使大家都对要讨论的东西事先有个认识和了解，然后再拿到会议上去讨论决定，达成共同的协议。"

政治协商不仅是事前协商，在正式会议上，代表也可以继续就要讨论的问题提出自己的意见。在新政治协商会议筹备会第一次全体会议上，周恩来作了《关于新政治协商会议筹备会组织条例（草案）的解释报告》，强调提到会议上的议案，尽管事前已经在各小组反复协商讨论过，但是在会议通过之前，仍应该允许有不同意见提出来，允许各单位非首席代表发表不同意见。"这使我们的会场在讨论中更和谐，更知道各方面的意见。这个和谐一致不是大家都说一种相同的话，而是大家说出不同的话，然后取得一致。这是最有力的一致，是最有力的团结。""这样，才能不同的意见都听到，帮助大家考虑问题，使问题的解决更加妥切、更加恰当。所以尽管是大家协商一致，但是每一个单位有不同的意见还可以提出来大家听一听。我觉得应该允许在会场上尽量提出各种意见。"①针对会上有的代表对组织条例第八条提出了疑问,周恩来作了补充发言,并强调这是一种值得发扬的精神:"凡是我们有争论的问题,都应该把它弄明白,我们的民主应该是这样的。首先在这个全体会议上,就应该这样的。"②"刚才的会场上也表现了这种精神。"③

议案提出之前的"事先协商",是对各方面意见的广泛收集与凝聚,是保证各界代表真实有效地参与政策制定过程的重要环节;正式会议上的协商讨论,是各界代表在不同观点、不同意见的碰撞中相互理解,相互让步,形成"最有力的团结"的重要保障。周恩来所提出的"协商这两个字非常好,就包括这个新民主的精神",实际上是指出了社会主义民主不同于西方议会制民主的重要特征。

西方议会制民主,依据简单的少数服从多数的原则,通过投票决定国家的重大方针政策。一方面,多数人的同意忽略甚至压制了少数人的意愿,在某些极端情况下,多数人的民主恰恰是对少数人的暴政;另一方面,简单的投票选举使人们无法实在地、具体地参与政治决策过程,人们只能粗略地在非此即彼之中做出选择,具体的、真实的意思无从表达。为了规避西方民主的这种弊端,包括周恩来在内的中国共产党的第一代中央领导集体,灵活运用马克思列宁主义的统一战线思想,结合中国具体实际,创造了人民政协这一民主形式,突出强调了"政治协商"在社会

---

① ②　周恩来:《关于新政治协商会议筹备会组织条例(草案)的解释报告》,载《老一代革命家论人民政协》,中央文献出版社、中国文史出版社,1997年,第16页。

③　同上,第19页。

主义新民主中的价值和地位。

二、领导者在协商中要善于听取不同意见

中国共产党领导的多党合作和政治协商制度，既强调中国共产党的领导，也强调各界人士的民主协商。怎样做到在中国共产党的领导下广泛有效地开展协商活动呢？对此，周恩来有一些独到的思考。他强调，政协中各党派、团体要与中国共产党一样负起责任，同时着重强调领导者在协商中要善于听取不同意见。

早在中华人民共和国成立之前，周恩来在筹划新政权的问题时，就考虑到新政权要让有不同意见的人说话。1949年4月22日，周恩来在中国新民主主义青年团第一次全国代表大会上作报告，他说："我们今天是新中国的主人，不能讲起来是无产阶级领导的人民大众的政权，人民民主的国家，可是做起来却是一小圈圈人，不像个领导者，反倒像个孤立主义者，做的跟说的不一样。""我们要知道，有不同的意见的人跟我们讨论、争论，真理才能愈辩愈明。""为了寻求真理，就要有争辩，就不能独断。什么叫独断？就是我说的话就对，人家说的话就不对，那还辩什么？你的意见是神圣不可侵犯的，那谁还跟你辩？""即使自己有很多对的意见，但是还要听人家的意见，把人家的好意见吸取过来，思想才能更发展，辩证法就讲矛盾统一，只有通过争辩，才能发现更多真理。"①

中华人民共和国成立后，周恩来继续在不同场合反复强调

---

① 《周恩来选集》（上卷），人民出版社，1980年，第328~329页。

听取不同意见的重要性。1950 年 4 月 12 日,周恩来在全国统一战线工作会议上发表讲话,说:"理愈辩愈明,真理总要在几种不同意见的比较中得到补充和完善,在不断的斗争中得到发展。""统一战线不只是共产党的工作,而是四个民主阶级的共同工作。大家都为了一个共同的目标努力奋斗,才能使人民民主统一战线不断得到巩固和加强。"① 1954 年 12 月,在谈到第二届全国政协委员名单问题时,周恩来说:"我们要吸收不同意见的人在一起,要善于和这些人一起协商,团结他们。这样,政治协商会议才能前进,才能有利于国家建设。"② 1957 年 4 月,在中共浙江省委的一次扩大会议上,周恩来针对当时部分党员干部存在的一些错误思想,强调说:"我们有一部分党员觉得天下是共产党打下来的。不错,共产党是有一份,但是,离开了人民,共产党有什么本事? 天下是人民的天下嘛! 你做得对,人民拥护,做得不对,人民就不拥护。民主党派参加了革命和建设,那么他就有一份功劳,他是人民的一分子,他就有权来说话。"③ 1962 年,周恩来在中国人民政治协商会议第三届全国委员会第三次全体会议上讲话说:"在人民内部有一些对立面的意见,这对我们的进步是有好处的。我们不可设想,人民民主统一战线是铁板一块,大家都是一个想法,对任何问题的看法都一样。如果我们的统一战线是

---

① 周恩来:《处理好人民民主统一战线中的四个关系》,载《周恩来统一战线文选》,人民出版社,1984年,第165页。

② 周恩来:《关于政协章程和政协第二届全国委员会委员名单问题》,载《周恩来统一战线文选》,人民出版社,1984年,第262页。

③ 周恩来:《长期共存,互相监督》,载《周恩来统一战线文选》,人民出版社,1984年,第351~353页。

这样,它就不能发展,就会停止不前,甚至要后退"。只有允许不同的意识、不同的意见,"一个人的思想才能发展,一个党的政策也才能完备,一个团体的工作也才能在这个过程中间得到改进"①。

1965 年 1 月,政协第四届全国委员会第一次会议召开,周恩来在主席团第四次扩大会议上说:"我们希望新的政协常委选出以后,政协要改观,机关要革命化。我们总希望这次政协机关完全革命化起来,给大家一个能够互相学习、互相切磋、互相帮助、互相督促的场所,而不是在这个地方来消遣,来互相吹捧、互相吹嘘。"显然,周恩来希望政协真正发挥协商议政的功能,各党派团体在这里能够说真话、讲真事,真正实现互相切磋、互相监督的功能。接下来,在这次会议的闭幕会上,周恩来又从领导者的角度,强调要有意识地树立对立面,听取不同意见。"我们这个民主是个发展的民主,是人民民主,是有领导的民主。但是我们也允许在六条标准下,发表各种意见,听不同意见。自己对的意见,也需要人家对的来补充;自己错误的意见,更要接受人家对的意见修改。不同的意见即使是错的,我们也得耐心地听下去,树立对立面。"②

1956 年 7 月 21 日,在中共上海市第一次代表大会上,周恩来强调了"专政要继续,民主要扩大"的问题。他说:"我们的人民民主专政是为了建设社会主义,消灭剥削阶级。专政的权力虽然

---

① 周恩来:《我国人民民主统一战线的新发展》,载《周恩来统一战线文选》,人民出版社,1984年,第432~433页。

② 中央文献研究室编:《周恩来年谱》(一九四九—一九七六)中卷,中央文献出版社,1997年,第699~700页。

建立在民主的基础上,但这个权力是相当集中相当大的,如果处理不好,容易忽视民主。苏联的历史经验可以借鉴。""你掌握政权,总有这个问题,权力过分集中时就会有偏向。特别是因为我们搞社会主义,为最大多数人民谋最大利益,集中最大权力,做最大的好事,人民比较满意,在这样的情况下做错了一点事情,容易为人民谅解,这就使我们很容易忽视发扬民主而犯官僚主义和主观主义的错误。""所以我们要时常警惕,要经常注意扩大民主,这一点更带有本质的意义。""要解决好这个问题,就要在我们的国家制度上想一些办法,使民主扩大。"①正是基于对人民民主专政国家政权是"相当集中相当大的"这样一个基本认识,周恩来反复强调要扩大民主,要树立对立面,听取不同意见,以防止走上官僚主义的道路,脱离甚至背叛群众。

为了更好地听取各方面的意见,切实实现协商目的,周恩来还对民主党派的发展和共产党在政协的领导方式方面作了论述。1950年11月,周恩来在中央统战部招待各民主党派中央会议代表会上说:"我们需要朋友,而且朋友愈多愈好。根据局势和工作的需要,各民主党派在组织上不但要巩固,而且也要发展,要把巩固和发展结合起来"。"希望各党派的会议好好讨论发展问题。各党派发展的基础是很广的,这需要以其所联系和活动范围的中下层为主要发展对象。这是一块尚未开垦的阵地,大有工

---

① 中央文献研究室编:《周恩来年谱》(一九四九——一九七六)上卷,中央文献出版社,1997年,第603页;《周恩来选集》(下卷),人民出版社,1984年,第207~210页。

作可做。我们诚恳希望各民主党派向这个方向努力。"①为了使各民主党派消除顾虑,更好地发挥作用,1958年周恩来又在各民主党派和无党派人士座谈会上发表讲话:"民主党派在共产党的领导下,在宪法赋予的权利义务范围内,有政治自由和组织独立性。"②只有保障民主党派的政治自由和组织独立,才能使各党派以平等身份与中国共产党在人民政协开展政治协商活动。为了切实保障平等协商气氛,周恩来还要求共产党员在政协不能以领导者自居。他说:"共产党的领导是指党的集体领导,党的中央和党的各级领导机构的领导。起着领导作用的,主要是党的方针政策,而不是个人。"所以,在政协内部,"个人都是平等的,如果从工作上说,大家都是人民的勤务员,彼此平等地交换意见"。"共产党员必须首先把这个界限划清楚","不然的话,我们的民主生活、民主风气就不能够发扬,我们之间就有隔阂,中间本来没有墙,就会有一座精神的墙隔着,妨碍民主集中制的贯彻"③。协商必须有平等的基础,周恩来一方面鼓励支持民主党派巩固发展,另一方面限制共产党员在政协以领导者自居。这两面的努力都是为了在政协中创造一种平等协商的氛围,更好地实现民主协商的目的。

---

① 中央文献研究室编:《周恩来年谱》(一九四九——一九七六)上卷,中央文献出版社,1997年,第99页。

② 周恩来:《各民主党派在宪法范围内有政治自由和组织独立性》,载《周恩来统一战线文选》,人民出版社,1984年,第389页。

③ 周恩来:《我国人民民主统一战线的新发展》,载《人民政协重要文献选编》(上),中央文献出版社、中国文史出版社,第339页。

三、协商各方要秉承互相容让、妥协与公开的原则

仅仅重视事前协商、允许发表不同意见还是不够的。怎样才能保证各持不同意见的人们能够达成一致？对此，周恩来认为协商各方要秉承让步、妥协与公开的原则，对非原则问题适当让步，所有协商过程向群众公开。只有这样，才能保证最后达成各方都能接受的、有利于人民的共识。

早在旧政协时期，周恩来与国民党谈判，就已提出政治协商要"互相让步，不要独霸"的原则。1946 年 1 月 10 日旧政协召开，12 日周恩来在会上作报告，就多年来国共谈判总结了四点经验：一是要互相承认，不要互相敌视；二是要互相商量，不要独断；三是要互相让步，不要独霸；四是要互相竞赛，不要互相抵消。周恩来说："立国的原则，像今天中国所需要的三民主义、民主国家制度，这些是不能让的，没有这种准绳与方针，就不能谈到合作。"但是"在这种大前提下，许多具体问题应该力求互让"。"既然政治解决，总是要于国家人民事业有利，既然于国家人民事业有利，那么两党之间，各方面之间有什么不可以让步的？"①接下来，1 月 18 日在讨论国民大会问题时周恩来进一步阐释了协商与妥协的关系。他说："何谓协商？就是因为有不同意见，现在各党派和无党派人士聚于一堂，隆重开会，把自己的意见提出来，给各方了解，供社会人士批评。""何谓政治解决？政治解决就是相互

---

① 中共中央文献研究室、中共南京市委员会编：《周恩来一九四六年谈判文选》，中央文献出版社，1996 年，第 71 页。

容让,妥协。""抽象地说,中共不拒绝妥协是对的,协商本来就是为求妥协。"但是"妥协也要有一定原则,不能在形式上妥协了,实际上不解决任何问题"①。概括地说,周恩来认为:政治协商就需要参加各方互相容让、互相妥协,这种容让与妥协必须是真实的,发自内心的,同时这种妥协不能是无原则的退让,不能损害人民的利益,各方观点要向社会公开,供社会批评。可惜的是,由于国民党反动派与人民的利益背道而驰,旧政协最终只是取得了表面的妥协,所达成的协议不久即被国民党反动派公然背弃。

在筹备新政协期间,周恩来再次强调协商过程中的容让与妥协原则。1949 年 6 月 16 日,周恩来在新政治协商会议筹备会第一次全体会议上发表讲话说:"新民主还有一个特点,即除非是最原则的问题争论不会妥协外,凡是有极大可能采纳的问题,最终可以取得妥协。新民主的这一原则也是值得重视的。"②在筹备会中共党组会上,他说:"我们要善于和党外人士相处,态度应该是谦虚的、诚恳坦白的。对原则问题一定要争,对非原则问题要善于妥协。只有这样,才能做到长期合作,保证人民民主统一战线不断前进。"要做到长期合作,要进行政治协商,必须对非原则问题进行适当妥协,否则大家各持己见,不可能达成一致的协议。周恩来对这一点有非常明确的认识。正是在这种互相容让、互相妥协的氛围中,新政协最终通过了《中国人民政治协商会议

① 中共中央文献研究室、中共南京市委员会编:《周恩来一九四六年谈判文选》,中央文献出版社,1996年,第84页。

② 周恩来:《关于新政治协商会议预备会组织条例(草案)的解释报告》,载《老一代革命家论人民政协》,中央文献出版社,1997年,第18页。

共同纲领》,完成了协商建国的历史使命。

新政协之所以能够取得这样的成果,除了各界代表的互相容让之外,最主要的还是人民内部根本利益的一致性。周恩来说:"新民主主义国家的各阶级在工人阶级领导之下,虽然各阶级的利益和意见仍有不同之处,但在共同要求上、在主要政策上是能够求得一致的。""在人民民主统一战线内部的不同要求和矛盾,在反帝反封建残余的斗争前面,是可以而且应该得到调节的。"①

协商各方对非原则问题互相容让、妥协与公开讨论的原则,既是周恩来个人高超的政治智慧的产物,也是中国传统文化尚包容、贵和谐的优良传统的自然体现。

四、协商的目的在于团结与和谐

政治协商的目的是什么? 对此,很少有人论述。人们似乎只把政治协商会议作为现代中国各种情势叠加发展的一个必然结果,很少有人超越实践层面探讨政治协商的目的。我们从周恩来的一些讲话中可以看出,他对政治协商的目的有一些独到的思考。

1959 年 4 月,中国人民政治协商会议第二届全国委员会召开第五十二次常委会议,讨论第三届全国委员会名单。周恩来在会上提出:"政协召开的目的,不是为了分裂而是为了团结。"②那么,什么是团结呢? 周恩来认为:"团结就是在共同点上把矛盾的

---

① 中共中央文献研究室、中央档案馆编:《建国以来周恩来文稿》(第一册),中央文献出版社,2008年,第391页。

② 全国政协秘书处编印:《中国人民政治协商会议资料选集》(第三册),1962年,第13~17页。

各方统一起来。善于团结的人,就是善于在共同点上统一矛盾的人。"① 1946 年,周恩来在旧政协会议也说过:"大家都强调协商会议应该和谐,这个意思很好。""和谐就是不敌视,不要有恶意,无论怎样争辩也不要分裂。这样才是真正的和谐,否则形式上一团和气,但各人仍怀不同意见,不说出来,就不会是真正的和谐。"②

周恩来所说的政治协商的目的在于团结有两层意思。第一,开展政治协商不是为了分裂,而是为了"求同",找到大家都能接受的共同点,达到团结与和谐的目的,所以周恩来反复强调政治协商不能搞分裂,协商各方应该真诚、容让,努力寻找共同点。第二,政治协商的团结是"异中求同",不是"同中求同"。周恩来说:"怎样才能做到团结呢?并不是名单里的人思想作风都一样。"如果参加政治协商的人思想观点都一样,就不需要开展政治协商了。政治协商就是要吸收形形色色,左、中、右的各种代表进来,"从团结出发,经过斗争,达到团结"③。"和谐一致不是大家都说一种相同的话,而是大家说出不同的话,然后取得一致。这是最有力的一致,是最有力的团结。"④在讨论第二届全国委员会名单时,周恩来也说过:"我觉得好处就在这里。政协不是一盆清水,如果是一盆清水就没有意思了。政协就是要团结各个方面的人。"

---

① 周恩来:《建设与团结》,载《周恩来选集》(下卷),人民出版社,1984年,第29~30页。

② 中共中央文献研究室、中共南京市委员会编:《周恩来一九四六年谈判文选》,中央文献出版社,1996年,第84页。

③ 全国政协秘书处编印:《中国人民政治协商会议资料选集》(第三册),1962年,第13~17页。

④ 周恩来:《关于新政治协商会议筹备会组织条例(草案)的解释报告》,载《老一代革命家论人民政协》,中央文献出版社,1997年,第19页。

"我们要吸收不同意见的人在一起，要善于和这些人一起协商，团结他们。这样，政治协商会议才能前进，才能有利于国家建设。"①协商的目的是为了"异中求同"，求取广泛的、真正的团结与和谐。

第二节　对政治协商作了制度性设计

周恩来在共和国政治体系构建中体现政治协商制度。

一、中央人民政府与政协全国委员会的协商

第一届人民政协只是全体会议代行人大职权，选举产生中央人民政府委员会。政协全国委员会及其常务委员会从一开始就是作为协商机构存在的，它从来没有代行过人大职权。

1949 年 9 月 7 日，周恩来在人民政协第一届全体会议召开前向政协代表作报告中指出："我们现在即将举行的中国人民政治协商会议第一届全体会议，便是执行全国代表大会的职权来通过中国人民政治协商会议组织法、共同纲领和中华人民共和国组织法，并选举中央人民政府委员会。人民政协的全国委员会，便是同中央人民政府协议事情的机构。"②政协第一届全体会议是代行人大职权的，是个权力机构，但第一届全国委员会只是

① 中央文献研究室编：《周恩来年谱》(一九四九——一九七六)上卷，中央文献出版社，1997年，第429页。

② 周恩来：《关于人民政协的几个问题》，载《老一代革命家论人民政协》，中央文献出版社，1997年，第53页。

个协议事情的机构。1949年9月22日,董必武在第一届全体会议上作关于草拟中华人民共和国中央人民政府组织法的经过说明时也说:"在普选的全国人民代表大会召开以前,由中国人民政治协商会议全体会议,即本会议,执行全国人民代表大会的职权,选举中华人民共和国中央人民政府委员会,并付之以行使国家权力的职权。中央人民政府委员会选出后,人民政治协商会议选出的全国委员会即成为国家政权以外各党派、各人民团体的协议机关。"① 1950年6月19日,李维汉在政协第一届全国委员会第二次会议会务组会议上说:"全国委员会是协商的机构,没有执行代表大会的职权,是统一战线的总部。"②

政协全国委员会作为政治协商机构,周恩来在中华人民共和国成立初期有过论述,归纳起来:

第一,关于协商议题的提出。周恩来认为三个方面的组织或个人都可以提出协商议题。一是"政府方面在推行政务当中发现有重大问题、重要措施,需要经过各党派、各团体协商的,那么政府的各部门或中央人民政府委员会提出意见,交到全国委员会常务委员会来协议"。二是"全国委员会本身,每个委员提议,或常务委员会觉得某种重要措施、重大问题需要成为决议送给政府采纳实行,可以由全国委员会自己制成决议,提交政府"。三是"人民中间,或各人民团体、各党派的下层组织,他们觉得有些问

---

① 马永顺:《周恩来与人民政协》,中国文史出版社,2004年,第301页。

② 同上,第302页。关于第一届全国委员会没有代行人大职权,更详细的论述可参考马永顺的《澄清对第一届人民政协代行人大职权的一些误解》,《党的文献》1992年第6期。

题"，也可以"提交到我们全国委员会常务会议来协议，觉得可以作为决议的就交到政府采纳实行"。以上三个方面的组织或个人都可以作为协商议题的发起人，他们的建议，"都经过我们全国委员会常委会的机构，加以整理，制成协议，或者觉得不需要制成协议的就打消。总之，已制成协议，那就是我们常务委员会大家的意见，集中起来了，设想提到政府，是有力的提议了"①。也就是说，政府、政协全国委员会及其常务委员会、政协委员、各党派团体以及个人，可以向政协提出协商议题，由政协常务委员会决定是否接受，是否作为政协提案向政府提出。

第二，关于协商内容。周恩来指出，政协全国委员会开展政治协商的内容包括多个方面：一是有关国家政策方面的协商。周恩来说，政府在推行政务当中发现的"重大问题、重要措施，需要经过各党派、各团体协商的"，要提出意见，交由全国委员会及其常务委员会协商，同意后交给政府，"制成条文，然后送达中央人民政府委员会通过，成为法律、法令、决议、命令"。也就是说，政府方面需要发布法律、法令、决议、命令来处理国家和社会管理中的重大事务时，如认为需要经过各党派、各团体协商的，应该提交政协全国委员会协商。政协及各民主党派、社会团体或人民中间的个人，认为重要的问题也可以提交政协全国委员会协商，以决定是否制成政协决议提交政府。二是有关政协组织及其各参加单位内部关系的协商。周恩来指出："因为全国委员会是各

---

① 周恩来：《关于政协全国委员会常务委员名单协商经过和政协全国委员会工作条例主要内容的报告》，载《老一代革命家和中央领导同志论统一战线和人民政协》，2000年，第51页。

党派、团体协议的机关",所以"各党派相互关系也要到常委会来协议"。"彼此之间的关系,分工问题,也有关于各党派的一些要求,解决一些困难,各党派将来的活动、经费等这些问题,都可以提到全国委员会常务委员会来协议。"此外,当时各地有各界代表会议,相当于地方的政治协商会议。周恩来指出:"地方工作,和我们全国委员会的工作要有联系","可以设想,将来会有若干这样性质的工作,要提到我们全国委员会来协商"。就是说,有关政协组织系统内的一些问题,也要提交到全国委员会协商。

1951 年 11 月,周恩来主持政务院第 109 次政务会议上,在《关于地方人民政府工作》的讲话中指出:"中央人民政府采取政府委员会和政务院两级制。凡准备由中央人民政府委员会通过的一切重大决定和法律、条例,事先都提请政协全国委员会常务委员会交换意见,经过协商后再提交政府委员会讨论通过;凡准备由政务院通过的重要决议和指示,也常征询全国委员会有关工作组的意见,然后再提交政务院会议讨论通过。"[①]周恩来以中央人民政府严格贯彻协商原则为据,要求各级地方政府在工作中建立和遵循严格的事前协商原则。

第三,关于协商形式。周恩来提及的协商形式,主要有政协全国委员会、常务委员会,以及全国委员会有关工作组的协商。这些不同层次的会议和组织,对应不同的协商议题,实现多个层面的沟通和协调。

---

① 周恩来在政务院第109次政务(扩大)会议上,作《关于地方人民政府工作》的讲话,转引自莫岳云:《周恩来对人民政协工作的卓越贡献》。部分内容见中央文献研究室编:《周恩来年谱》(一九四九——一九七六)上卷,中央文献出版社,1997年,第192页。

二、地方人民政府与地方协商委员会的协商

1949—1950 年,在中国人民政治协商会议召开前后,全国各地也都召集类似性质的会议,即省、市各界人民代表会议。1949年 10 月 9 日,人民政协第一届全国委员会第一次会议中周恩来指出:"我们中国人民政协会议,不仅有全国性的会议——全体会议,全国委员会,而且有地方会议,地方委员会。地方会议就是现在已经在各地区召开的各界人民代表会议,有的叫各界代表会,有的叫各界代表会议,有的叫各界人民代表会议。各地名称虽有些不同,但其性质还是一样的"。"按照我们通过的共同纲领,关于这个地方会议,我们政府有责任推广与召集。因为这正是我们政府在解放一个地区以后和人民联系最好的一种组织,可以把政府决定的事情,经过这个代表会议传达到人民中去,同时可以反映人民各方面的意见,把它集中起来。""这种地方会议应该普遍地推广实行。"① 1949 年 12 月,周恩来在中央人民政府委员会第四次会议再次强调:"各界人民代表会议是解放初期人民政府联系群众、动员群众的最好办法,不应利用任何借口拒绝召开这样的会议。"②

仅仅有省、市的各界人民代表会议还不够,周恩来认为,各

---

① 周恩来:《关于政协全国委员会常务委员名单协商经过和政协全国委员会工作条例主要内容的报告》,载《老一代革命家和中央领导同志论统一战线和人民政协》,中央文献出版社,1997年,第52页。

② 中央文献研究室编:《周恩来年谱》(一九四九——一九七六)上卷,中央文献出版社,1997年,第16页。

地的各界人民代表会议也应该仿效中国人民政治协商会议,选举产生它的协商机构。"因此这种地方会议就应该有它的一种机构,就是选举地方委员会,如同全国全体会议选举这个全国委员会一样。""比方现在的北京市已经产生了一个地方的协议的机关(或叫北京地方协议委员会,名称不拘),将来他们制成一个章程,提到全国委员会常务委员会来审议一下。将来在其他地方也同样可以成立这样一个地方委员会作为协议的机关,如同全国委员会的职权一样,成为向当地政府建议、参谋、推动的机构,便于政府工作的推行和联系各方面群众。"①周恩来所说的这个作为协议机关的地方委员会,后来统称为省、市各界人民代表会议协商委员会。1950 年 9 月,周恩来在中国人民政治协商会议全国委员会庆祝中华人民共和国成立一周年大会上作报告说:"中国人民政治协商会议的全国委员会,在过去的一年中已经证明了是各民主阶级、各民主党派、各兄弟民族、各人民团体进行协商的有效的人民民主统一战线的组织。仿照这个经验,十二个省、七十三个市和很多县都组织了省、市、县的协商委员会。"②经政协全国委员会批准,各地协商委员会可以代行政协地方委员会职权,1954 年 5 月以后,省、市协商委员会正式改为政协省、市级地方委员会。

---

① 周恩来:《关于政协全国委员会常务委员名单协商经过和政协全国委员会工作条例主要内容的报告》,载《老一代革命家和中央领导同志论统一战线和人民政协》,中央文献出版社,1997年,第53页。

② 中共中央文献研究室、中央档案馆编:《建国以来周恩来文稿》(第三册),中央文献出版社,2008年,第361页。

周恩来不仅大力推动各地成立各界人民代表会议和协商委员会,而且规定各地必须定期召开协商委员会会议,凡是重大问题都要提交协商。

1951 年 4 月 21 日至 5 月 8 日,为了总结一年来人民政府与人民政协的工作,促进政府与政协组织更好地协调配合,在周恩来的主持下,政府系统和政协系统的全国秘书长会议同时召开,会议的多项议程联合举行。周恩来在会上发表讲话说:"各级人民代表会议所选出的协商委员会, 各县人民代表会议所选出的常务委员会,是各民主党派、各人民团体、各界人民协商的机关,凡重大问题必须经过协商,直到相当成熟,才能提到政府通过执行。通过这一机构还可以吸收个人意见,加以审查考虑,建议政府,使政府依靠了这一助手,更有力量去执行政策。这是中国新民民主主义政权的一个创造,是 30 年斗争经验的产物。各地应重视这一机构的应用。"①在这次会议中,各省、市协商委员会秘书长会议提出了一项《关于各地方协商委员会工作的意见》建议案。7 月 19 日,周恩来主持的政协一届全国委员会常务委员会第二十五次会议通过了《中国人民政治协商会议全国委员会关于各省、市各界人民代表会议协商委员会工作的意见》,指出:"由于协商委员会是一个新的创造,还没有多少经验,有些地方对它还不够熟悉,甚至不够重视,因而往往不免流于形式,不能够很好地发挥其应有的作用。""协商委员会是各民主党派、人民团体和民主人士的政治协商机关,又是经过各民主党派、人民团体和民

---

① 马永顺:《周恩来与人民政协》,中国文史出版社,2004年,第107页。

主人士团结各民主阶级的统一战线组织。因此协商委员会的任务是一方面要协助政府联系和动员人民,审议和推行政策法令;又一方面要加强各民主党派、人民团体和民主人士的团结进步工作,经过他们去团结和教育各民主阶级的人民。这两方面的任务是不可分离的。缺了一个方面,任务就不完全;缺了这一方面,另一方面的工作也就做不好。在同人民政府的关系上,应该明确:协商委员会不是政权机关,也不是政府的隶属机关,而是协商、建议的机关,它对政府的关系是协商、建议和协助政府联系人民推动工作的关系。在同各民主党派和人民团体的关系上,协商委员会不是它们的领导机关,而是它们的协商和团结合作的机关,协商各民主党派和人民团体的一切带共同性的或互相有关的事情,取得协议,共同推行,而不干涉他们的内部事务。协商委员会与中共统一战线工作部之间,也是协商和团结合作的关系,中共统一战线工作中自当尽量协助协商委员会的工作和活动"。

该意见还将协商委员会的工作具体列举如下:

(1)经过人民代表会议代表及各民主党派、人民团体、民主人士,协助人民政府实行各界人民代表会议的决议,并了解其执行情况;

(2)经过人民代表会议代表及各民主党派、人民团体、民主人士,协助人民政府联系人民,征求并反映人民意见;

(3)审议政府交议的文件和议案;

(4)有系统地收集政治法律、财政经济、文教卫生、市政建设、宗教事务及其他方面的材料,进行研究,提出意见,供政府采择;

(5)分别地或联合地召集各界人士的座谈会,协助人民政府解释政策法令并征求对政策法令的意见；

（6）接受人民的建议、询问、要求、申诉与批评，并负责加以适当的处理，务使有着落有交代；

（7）协助与推动各民主党派、人民团体、民主人士参加各种人民革命运动及建设工作，目前尤要有计划地组织工作团、参观团、视察团等，参加抗美援朝、土地改革及镇压反革命的三运动；

（8）组织时事座谈会和学习会，协助人民代表会议代表、各民主党派、人民团体、民主人士进行时事的、政策的和理论的学习；

（9）协助各民主党派、人民团体、民主人士解决相互有关的问题，加强其团结与合作；

（10）对各民主党派的发展及训练干部等工作予以可能的协助；

（11）协同人民政府筹备下届各界人民代表会议。

代行全国委员会地方委员会职权的省、市协商委员会，并须执行"中国人民政治协商会议全国委员会关于地方委员会的决定"第四条各款所规定的任务。①

在周恩来的主持和推动下，地方政府与地方协商委员会的协商机制初步形成，各地协商委员会的工作开始有序运转起来。

三、探索建立"两会机制"

"两会机制"是目前中国政治生活中客观存在的一种民主政治形态。它是指在执政党推动下，人大与政协在特殊历史渊源和

---

① 中国人民政治协商会议全国委员会秘书处：《中国人民政治协商会议资料选编》（第一集），1959年，第220~223页。

现实政治需要的基础上所形成的相互联系、相互作用,并在特定领域以一个有机整体的形式发挥作用的过程和方式。"两会机制"的概念源于每年春季全国和地方的"两会",即人大会议与政协会议,但"两会机制"并不等同于"两会"。"两会"闭会期间,这一机制仍在运行并实际发挥作用,它是中国执政党管理国家的依赖机制。①而这一机制的建立是始于周恩来的倡导。

中华人民共和国成立初期,第一代中央领导集体虽然明确提出我国要实行全国人民代表大会制度,但由于客观条件的限制,尚无法在全国范围内实行普选,因而由人民政协的全体会议代行了全国人民代表大会的职能。1954 年,第一届全国人民代表大会在北京召开,人民政协代行人大职权的政权机关作用正式结束。基于人民政协和人大历史上的特殊渊源和在政治功能上的互补性,周恩来提出了人大、政协"两会"同时召开的倡议。

"两会"特殊的历史渊源,是周恩来提出"两个大会联合起来开会"新形式的重要基础。1949 年 9 月,中国人民政治协商会议第一届全体会议代表全国各族人民意志,代行全国人民代表大会职权,通过了具有临时宪法性质的《中国人民政治协商会议共同纲领》和《中国人民政治协商会议组织法》《中华人民共和国中央人民政府组织法》,作出了关于中华人民共和国国都、国旗、国歌、纪年 4 个重要决议,选举产生了中华人民共和国中央人民政府委员会和中国人民政治协商会议第一届全国委员会。其后,人民政协参与筹备召开全国人民代表大会。人大与政协的这一历

---

① 盛林:《"两会机制"与中国政党政治发展》,《理论与现代化》,2011年第6期。

史渊源,是促成今天"两会机制"形成和发展的重要条件。甚至可以说,没有这样一段历史,就不会有今天的"两会"形态。

在召开全国人民代表大会以后,中国的政治生活中就存在了人民代表大会和人民政治协商会议两个重要的组织形态。周恩来科学指明两个会议的区别和联系,并科学阐释了人大和政协"两会"开展协作的重要性。1959 年,第一届全国人民代表大会常务委员会第十七次会议、人民政协第二届全国委员会五十三次常委会议举行联席会议通过,第二届全国人大第一次会议与人民政协第三届全国委员会第一次会议同时召开。在这次联席会议上,周恩来指出:"两个大会联合起来开会是一个新形式。但要说明,这个会是又联合,又有区别。主要议程是合着的,但人大要实行它的权力,这些权力政协是没有的,但是多吸收些意见,归入决议中去,可以集思广益把工作做得更好。人大、政协两个会有不同之处,权力上有分别,但应该说两会只有权力之分,无高低之别。不只是人大的报告政协可以听,政协有好报告人大也可以听。"[①]人民政协与人大同期召开会议,有助于其更好地发挥自身的职能和作用。自 1959 年起,除了"文革"期间只召开了一次人大会议,即第四届全国人大第一次会议,未召开全国政协会议外,"两会"都是同年同期举行的。"两会"同期召开的惯例不是随机产生的,而是党和国家领导层的有意安排。这种安排是在这一阶段实现、并持续至今的。

全国人大召开后,周恩来仍然非常重视人民政协工作对政府

---

① 全国政协秘书处:《中国人民政治协商会议资料选集》,1962年,第18~19页。

和人大工作的支持作用。《汉语拼音方案草案》《国务院关于发布汉字简化方案的决议》《处理城市反革命分子的办法》、关于建立宁夏回族自治区和广西壮族自治区问题、"兵役法"草案等，都经过了人民政协的充分协商，有的经过反复向人民政协征求意见，然后才由国务院或人大作出决策。在实践中，"两会"的内在联系得到了进一步加强。

1954—1959 年间，"两会"的会外合作不断加强。这一阶段，人大和政协开始初期的合作，主要体现在联席会议、联合视察和协商国是三个方面：[1]

其一，联席会议。联席会议是早期全国人大常委会、政协全国委员会常委会间合作的主要形式，为后来"两会"间的正式列席会议制度奠定了基础。这一阶段，全国人大常委会、政协全国委员会常委会举行了多次联席会议。例如：1956 年 11 月，举行联席会议，讨论 1956 年下半年视察工作问题，通过了《关于宽大处理和安置城市残余反革命分子的决定和关于对反革命分子的管制一律由人民法院判决的决定》。[2]

其二，联合视察。毛泽东认为，在组织人大代表视察工作时，也应组织政协委员参加。1955 年 10 月，他在最高国务会议上提议，全国人大代表、政协委员和省市人大代表、政协委员，年底前

---

[1] 参见盛林：《"两会机制"研究》，南开大学2009年博士学位论文。

[2] 资料来源：人民网，http://www.people.com.cn/GB/14576/28320/35193/35195/2704833.html，2008年5月10日。

一起做一个月的视察。① 1955 年 11 月 10 日,第一届全国人民代表大会常务委员会第二十五次会议举行,会议通过了《全国人大常委会和政协全国委员会关于 1955 年秋收后视察工作的通知》。② 1955 年 11 月,全国人民代表大会代表和中国人民政治协商会议全国委员会委员进行了联合视察。③ 1957 年 4 月,在《全国人民代表大会常务委员会、中国人民政治协商会议全国委员会关于 1957 年上半年视察工作的通知》中,对人大、政协的联合视察进行了具体规定,特别规定了政协委员的视察经费由人大统一开支。④

其三,协商国是。人大和政协在协商国是上初步具有了今天"先协商、后决策"的民主特征。以《汉语拼音方案》的制定为例⑤:首先,党和政府将统一汉语拼音定为当时促进汉语统一、推广普通话的重要国是,并于 1952 年 2 月专门设立文字改革协会;1954 年 12 月,中国文字改革研究委员会改组成为中国文字改革委员会以后,在会内设立了拼音方案委员会,对拼音方案进行了

① 资料来源:"人大史话",中国人大网,http://www.npc.gov.cn/npc/rdgl/rdsh/node_234.htm,2008年5月10日。

② 资料来源:《人民数据库》子数据库《全国人民代表大会数据库》,http://data.people.com.cn/125.jsp,2008年7月5日。

③ 彭真:《中华人民共和国全国人民代表大会常务委员会的工作报告》(1956年6月14日全国人民代表大会常务委员会第四十二次会议通过),《人民日报》,1956年6月17日。

④ 资料来源:《全国人民代表大会常务委员会、中国人民政治协商会议全国委员会关于1957年上半年视察工作的通知》,《人民数据库》子数据库《全国人民代表大会数据库》,http://data.people.com.cn/125.jsp,2008年7月5日。

⑤ 吴玉章:《关于当前文字改革工作和汉语拼音方案的报告》,《人民日报》,1958年2月14日。

更全面、系统的研究；1956 年 2 月，中国文字改革委员会发表了《汉语拼音方案》（草案），即《汉语拼音方案》的第一个草案，并向政协和社会各界广泛征求意见；其后，在各方反馈意见的基础上，国务院专设的汉语拼音方案审订委员会对草案进行了反复审议和修订，于 1957 年 10 月，再次提交政协全国委员会常务委员会扩大会议进行讨论；1957 年 11 月，国务院全体会议第六十次会议通过了《汉语拼音方案草案》；1958 年 2 月，草案正式提请第一届全国人民代表大会第五次会议审议，并最终获得批准。

其后，在 1959—1966 年间，政协委员开始列席人大会议，人大和政协会议内部的协作关系正式建立。1959 年 4 月，人民政协第三届全国委员会委员列席了同期召开的第二届全国人大第一次会议，听取了政府工作报告，并参加了讨论。从此，政协委员开始列席全国人民代表大会。二者在会议体系内部建立的联系，对二者关系产生了重大影响，使二者在政治生活中的联系具备了整体性特征。虽然后期受"反右派"斗争因素的影响，人大和政协工作遭遇一定挫折，但"两会"间的协作关系和整体性一直在加强。"两会"在曲折中增强了相互联系。①

这一阶段"两会"在会议内部建立的协作关系主要包括：②

其一，政协委员列席人大会议制度的确立。1959 年 4 月 17 日至 29 日，中国人民政治协商会议第三届全国委员会第一次会议在北京举行。出席这次会议的政协委员列席了第二届全国人民代表大会第一次会议，听取了政府工作报告，并参加了讨论。

---

①② 参见盛林：《"两会机制"研究》，南开大学2009年博士学位论文。

自此,政协委员开始正式列席全国人民代表大会。

其二,"两会"同期召开惯例的逐渐形成。从 1959 年开始("文革"期间除外)"两会"都是同年同期举行的。并且逐渐形成惯例:一是根据"事前协商"的原则,政协会议一般比人大会议提前 1—3 天召开;二是"文革"前"两会"表现为同期、不同届,政协届次比人大高出一届;"文革"后"两会"表现为同期、并且同届;三是"两会"会期逐渐确定在 3 月举行。① "两会"同期召开的惯例不是随机产生的, 而是党和国家领导层的有意安排。这种安排持续至今,成为我国发扬社会主义民主的重要形式。

其三,联合进行会议动员。自 1959 年起,每年"两会"召开前,全国人民代表大会常务委员会、人民政治协商会议全国委员会进行联合通知,通报会议召开时间及主要议程,并动员将要参会的全国人大代表和全国政协委员, 在会议以前就地或者到外地进行视察工作,以便更好地了解情况。

在周恩来的推动下,人大和政协"两会"的联系日益加强,呈现出一个整体机制的特征。在这一整体机制下,人民政协的政治功能也在不断扩展。1956 年 12 月 24 日, 中央批转中央统战部《关于加强政协地方委员会工作的意见》,提出了人民政协发挥着类似"上议院"的作用。"政协在我国的政治生活中占有重要的地位, 不仅具有统一战线组织的作用, 而且在实际上起着类似'上议院'的作用。为了继续扩大和巩固爱国主义的团结,进一步发展国家的民主生活,充分实现我党同民主党派、无党派民主人

---

① 自1998年起,全国人大和全国政协的召开时间成为固定日期,分别是每年3月5日和3月3日。

士的互相监督，就必须充分发挥人民政治协商会议和各级协商机构的作用。但是，政协能否发挥应有的作用，基本关键在于各级党委的领导和支持。希望各地党委根据中央统战部提出的意见，加强对当地政协的领导，克服不重视政协的偏向，作好政协的工作。"①

第三节　人民政协政治协商实践

1949—1976年，周恩来担任过新政协筹备会常务委员会副主席，第一届全国委员会副主席，第二、第三、第四届全国委员会主席，主持着政协全国委员会的工作。在他的领导和推动下，人民政协的政治协商工作全面、有序地开展起来，取得了令人瞩目的成绩。

一、协商建立中央人民政府

1948年4月，中共中央发布了《纪念五一劳动节口号》，得到全国各民主党派、民主人士和爱国华侨的热烈响应。从8月份开始，周恩来陆续致电中共香港、上海分局，指令他们邀请并安排各地爱国民主人士到解放区，商谈建政事宜。此后在周恩来的直接领导和周密安排之下，大批民主人士进入解放区，一部分集中在哈尔滨，一部分集中在平山县西柏坡附近的李家庄。

①《中共中央批准中央统战部〈关于加强政协地方委员会工作的意见〉》(1956年12月24日)，新华网，http://big5.xinhuanet.com/gate/big5/news.xinhuanet.com/ziliao/2004-12/29/content_2391617.htm，2008年5月10日。

周恩来和中央统战部在同到达李家庄的民主人士商讨后，拟定了《关于召开新的政治协商会议诸问题》草案。这个草案经毛泽东审改后发中共东北局，征求在东北的民主人士的意见。之后，周恩来又为中共中央起草电文，通过华南局征求了在香港的各民主党派负责人和著名无党派民主人士的意见。1948 年 11 月 25 日，在周恩来的指示下，东北局代表中共中央与在哈尔滨的民主人士达成了《关于召开新的政治协商会议诸问题》的协议，规定新政协应讨论和决定两项重要问题："一为共同纲领问题，一为如何建立中华人民民主共和国临时中央政府问题。"①

在哈尔滨的民主人士讨论《关于召开新的政治协商会议诸问题》草案时，对如何成立中央政府一项，曾产生过不同意见。有人主张新政协即等于临时人民代表会议，即可产生临时中央政府，中共中央赞同这种意见。② 11 月 3 日，周恩来为中共中央起草致东北局高岗、李富春电："依据目前形势的发展，临时中央人民政府有很大可能不需经全国临时人民代表会议，即径由新政协产生。"因此，"应多邀请一些尚能与我们合作的中间人士，甚至个别中间偏右，乃至本来与统治阶级有联系而现在可能影响他拥护联合政府的分子，以扩大统战面。"最后，参加协商的民主人士就新政协直接选举临时中央政府一事达成一致。

经过多方协商，中国共产党与各民主党派和无党派的民主

① 《胡乔木回忆毛泽东》，载杨胜群、陈晋主编：《亲历者的记忆：协商建国》，生活·读书·新知三联书店，2009年，第99页。

② 同上，第100页。

人士就召开新政协的主要事宜达成一致。1949 年 6 月和 9 月,分别召开新政协会议筹备会第一、第二次全体会议,在更大范围内就新政权建立的各项事宜展开讨论,取得了一致意见。1949 年 9 月 21 日,中国人民政治协商会议第一届全体会议在中南海怀仁堂隆重召开。会议通过了《中华人民共和国中央人民政府组织法》《中国人民政治协商会议组织法》《中国人民政治协商会议共同纲领》,以及中华人民共和国国都、国旗、国歌、纪年的四个议案,选举产生了中国人民政协第一届全国委员会和中央人民政府委员会。至此,中国人民政治协商会议第一届全体会议光荣地完成了建立新政权的历史使命。周恩来为推动各界人士在会议筹备和召开过程中充分讨论、民主协商付出了大量心血。

二、协商召开人民代表大会

1952 年 12 月 24 日,周恩来代表中共中央在政协第一届全国委员会常务委员会第四十三次会议上作报告说:为了适应新时期大规模的经济建设、国防建设和文教建设的需要,中国共产党提议由政协向中央人民政府建议,于 1953 年召开全国人民代表大会和地方各级人民代表大会,并开始进行起草选举法和宪法草案等准备工作。[1]建议得到各民主党派、人民团体与会各委员的赞同。会议决定由政协全国委员会向中央人民政府委员会建议,根据中央人民政府组织法第七条第十款所规定的职权,筹

---

[1] 中共中央文献研究室、中央档案馆编:《建国以来周恩来文稿》,中央文献出版社,2008年,第274页。

备并召开全国人民代表大会和地方各级人民代表大会。

1953 年 1 月 12 日,周恩来主持召开政协第一届全国委员会常委会第四十四次会议,将中央人民政府委员会《关于召开全国人民代表大会及地方各级人民代表大会的决议》(草案) 提交会议讨论①,经过讨论协商,会议同意中央人民政府委员会这个草案。1 月 13 日,中央人民政府委员会通过并公布了《关于召开全国人民代表大会及地方各级人民代表大会的决议》,还决定成立以毛泽东为主席的宪法起草委员会和以周恩来为主席的选举法起草委员会。

宪法是国家的根本大法,规定着国家生活的根本问题,所以中共中央在起草宪法的过程中特别注意与各民主党派、人民团体和各方面代表人士协商。1954 年 3 月,中共中央提出宪法草案初稿,经宪法起草委员会提交政协全国委员会进行协商。周恩来主持下的政协全国委员会常委会对这次协商宪法工作自然十分重视。1954 年 3 月 16 日,周恩来主持政协第一届全国委员会常务委员会第五十三次会议, 专门研究组织讨论宪法草案初稿的准备工作。会议通过《分组座谈宪法问题的名单》(草案),决定邀请各民主党派、人民团体的负责人和各界人士组成 17 个小组,讨论宪法草案初稿。除了这 17 个小组之外,政协全国委员会还在全国其他大城市组织各民主党派、各人民团体和社会各方面代表人士对宪法草案进行讨论。经过两个月时间,各方面提出不

---

① 中共中央文献研究室、中央档案馆编:《建国以来周恩来文稿》, 中央文献出版社,2008年,第279页。

少修改意见。宪法起草委员会修改后，中央人民政府委员会于1954 年 6 月正式公布了《中华人民共和国宪法》（草案），交付全国人大讨论。

政协全国委员会还对人大代表的选举问题进行了充分协商。1953 年 1 月 28 日，选举法起草委员会委员邓小平在政协全国委员会作了关于《中华人民共和国全国人民代表大会及地方各级人民代表大会选举法》（草案）的报告，在京的全国政协委员对这个草案进行了讨论。根据人民政协组织法第十三条第四款"协商并提出参加中国人民政协的各单位在全国人民代表大会选举中的联合候选名单"的规定，在通过选举法草案后，政协全国委员会常委会又对由中央提名的人大代表名单进行了协商讨论。1954 年 7 月，在政协第一届全国委员会常务委员会第五十六次会议上，秘书长李维汉作了关于《全国人民代表大会代表由中央提名的候选人名单》的说明。会议对《全国人民代表大会由中央提名的候选人名单》进行最后的协商，通过了毛泽东、宋庆龄、李济深等 501 人的全国人民代表大会代表候选人名单。

经过充分协商和周密准备，1954 年 9 月，第一届全国人民代表大会在北京召开，人民政协完成了协商召开人民代表大会的历史使命。

三、协商国家经济社会发展的重大事务

对于国家的重大决策和涉及面广的问题，事先通过人民政协进行协商讨论，然后再作决定，这是周恩来领导工作中的一贯指导思想。"周恩来在主持政务院或国务院的会议上，经常提醒

各部门的负责同志,注意把起草的重要政策性文件,在提到政务院或国务院会议之前,尽可能多征求各方面的意见,尤其是政协方面各界人士的意见。在会议讨论某些重要政策措施时,他经常习惯地问:这个文件征求政协方面的意见了吗? 如果有关同志回答,已征求过,他便放心了;如果回答说没有征求过,而这个文件又不急于通过, 他便指示送请政协征求意见后再提到会上讨论决定。"①在周恩来的主持下,人民政协参与了中华人民共和国成立后一系列重大经济社会问题的决策讨论,发挥了重要作用。

中华人民共和国成立伊始,各级人民政府面对的是国民党多年统治造成的经济凋敝、民不聊生的严重局势。中央人民政府成立后半个月,一场通货膨胀的风暴袭来。从 10 月 15 日开始,华北以粮食带头,上海以纱布带头,物价开始大幅度上涨。到 11 月中旬,物价已像脱缰野马那样向前飞奔。为缓解当时局面,周恩来召开政务会议,并建议政协全国委员会财经组研究物价问题,并向其常务委员会提出报告,协商后再作决定。政协第一届全国委员会财经组、常务委员会第二次会议先后讨论了 1950 年全国收支预算书和《关于发行人民胜利折实公债的决定》(草案),赞成政府发行公债等各项措施。通过采取一系列措施,财政状况很快出现好转。1950 年 4 月,国务院副总理陈云向政协第一届全国委员会常务委员会第四次会议报告了财政状况和粮食状况。委员们对这么短的时间内取得物价稳定的重大成就表示满意。1950 年 6 月,陈叔通在《中国人民政治协商会议第一届全国委员会常

---

① 马永顺:《周恩来与人民政协》,中国文史出版社,2004年,第109页。

务委员会工作报告》中说:"中央人民政府委员会历次会议的重要议案,都经过常务委员会与有关负责方面的协商。其中,1950 年度全国财政收支概算,中苏友好同盟互助条约,中华人民共和国婚姻法等,更经过慎重的协商。"①除此之外,在周恩来的主持下,1950 年政协全国委员会及其常务委员会协商讨论了中央人民政府关于调整工商业、调整税收的方案,1951 年协商讨论了增产节约和继续加强抗美援朝运动等重大问题,1953 年协商讨论了过渡时期的总路线和第一个五年计划,1955—1956 年协商讨论了《农业生产合作社示范章程》和《高级农业生产合作社示范章程》,1957 年协商讨论了《全国农业发展纲要》《一九五七年国家建设公债条例》等多部经济建设方面的重要法规条例。

在社会建设方面,周恩来领导政协全国委员会协助政府进行社会改革,做了大量工作,发挥了重要作用。中华人民共和国成立后,为了在全国范围内把土地改革运动进行下去,中共中央在调查研究、总结历次土改经验的基础上,提出了《中华人民共和国土地改革法》(草案)。1950 年 6 月 14 日—23 日,政协第一届全国委员会第二次会议在北京召开,会议的中心议题是土地改革问题。会议期间,毛泽东和周恩来分别主持政协第一届全国委员会常务委员会第十次会议和第九次会议,协商讨论中共中央提出《中华人民共和国土地改革法》(草案)。最后,经过分组讨论、常委讨论和全会充分协商,政协第一届全国委员会第二次会议原则通过了中共中央提出的土地改革法草案。根据会议协商

----

① 全国政协研究室编:《中国人民政协全书》(上册),中国文史出版社,1999年,第384页。

意见修改后,中央人民政府委员会于6月28日正式通过了《中华人民共和国土地改革法》,并公布实行。1951—1952年,各地陆续揭发了一些贪污、浪费和官僚主义现象,中共中央决定在国家工作人员中开展"三反"运动。随着运动的发展,人们很快发现国家工作人员中的贪污分子往往是与社会上的不法资本家相互勾结。这些不法资本家存在着行贿、偷税漏税、盗骗国家财产、偷工减料、盗窃经济情报等问题。中共中央马上决定向违法资本家开展"五反"运动,彻底查禁他们的违法行为。"三反""五反"运动进行过程中,周恩来密切注意运动发展情况,根据出现的问题及时提出办法或制定相关政策。这些办法或政策,在政府正式决定前都提交政协全国委员会协商讨论。1952年3月6日,政协第一届全国委员会常务委员会第三十六次会议,听取并协商了中央节约检查委员会副主任李富春所作的关于处理"三反"运动中贪污、浪费问题的意见的报告,北京市节约检查委员会主任彭真所作的关于北京市"五反"运动情况的报告。会议经过充分协商讨论,同意报告中提出的处理贪污、浪费和官僚主义错误的原则,同意北京市"五反"运动中关于工商户分类处理的标准和办法,同时也提出了修改意见和建议。①除了协商讨论土地改革和"三反""五反"运动之外,在周恩来的领导和推动下,政协全国委员会1954年协商讨论了对资本主义工商业的社会主义改造问题,1955年协商讨论了《汉字简化方案》,1956年协商讨论了《处理城市反革命分子的办法》等一批社会革命和建设方面的政策法案。

---

① 马永顺:《周恩来与人民政协》,中国文史出版社,2004年,第121~122页。

1949 年底—1950 年初，周恩来出席政协全国委员会常务委员、中央人民政府委员参加的座谈会，协商中共中央提出的关于中国同苏联签订新的友好条约和贷款、通商、民航合作等协定的建议。4 月 10 日，周恩来主持政协第一届全国委员会常务委员会第三次会议，并在会上作了关于中苏友好同盟互助条约的报告。1955 年 1 月 12 日，周恩来主持政协第二届全国委员会常务委员会第二次会议，报告了关于与联合国秘书长哈马舍尔德会谈的情况，介绍了准备接待日本贸易代表团、中日渔业谈判代表团和将参加亚非会议的情况。1957 年 2 月 19 日，在陈叔通主持的政协第二届全国委员会常务委员会第三十五次会议上，周恩来作《访问亚洲和欧洲十一国的报告》。3 月 5 日，中国人民政治协商会议第二届全国委员会第三次会议开幕。周恩来在会上作了《关于访问亚洲和欧洲十一国的报告》，阐述了社会主义国家一贯主张社会制度不同的国家应该和平共处的观点。3 月 16 日，政协第二届全国委员会第三次会议继续举行，周恩来作了《关于中缅边界问题的报告》。报告开始时他说明，关于中缅边界问题本来要在访问十一国的报告中作比较详细的说明，但在政协开会时看到了王季范等三位的意见书，给他很好的提醒，他觉得应把材料搞得更充分一些，所以推迟了讲这个问题。此后，邀请了云南许多负责人来京，跟他们当面座谈，也跟王季范等人交换意见。根据商讨的意见，今天再把这个问题提到政协全国委员会，并邀请在京人大代表、政府有关人员和其他方面人士参加，专门作一次报告。讲到中缅边界问题时，他根据大量事实，说明备忘录提出的划界办法，不是割地求和，不是屈从帝国主义的安排，也不影响我国的军事和经济生活。阐明就边界问题举行谈判的基本政策是依据我国的国策。

1957年3月17—26日，政协全国委员会召集广西籍各界人士举行会议，协商建立广西壮族自治区的问题。17日，周恩来主持会议，听取讨论意见。25日，周恩来作了总结发言。他说，这次座谈会开得好，收获很大，各方面的意见都听到了。在个别具体问题上，少数人的意见有些出入，这是难免的，因为各个人从不同的角度看问题，意见总会有出入。在壮族必须建立省一级的自治区的问题上，在合的方案比分的方案为好的问题上，绝大多数人取得了一致的意见，这是很大的成功。大的方面意见一致了，是不是就可以说建立壮族自治区的工作从此就完全顺利了呢？不是的。这个工作才开始，我们一定要经过从上到下、从下到上的酝酿。把广大人民群众讨论的意见集中起来，经过国家权力机关审核批准，才能付诸实施。只有把工作做成熟了，才会收到好的效果。接着周恩来讲了三个意见，详细地阐述了关于处理民族问题的方针、关于民族区域自治政策、关于实施民族区域自治的具体措施。其中，他提出首先必须广泛发动广西各族人民群众进行讨论，其次是要做好细致的筹备工作，再就是做好宣传工作。这些工作做好了，建立自治区就会瓜熟蒂落。

四、协商政协内部和党派团体、各族各界之间的关系

周恩来在解释毛泽东关于人民政协的五项任务时提出，人民政协的任务之一是"协商和处理政协内部和党派团体之间的合

作问题,就是代表阶级的党派、团体之间内部合作的问题"①。人民政协是一个协商机构,国家社会的重大问题固然要经过人民政协协商,人民政协内部事务及党派团体之间的关系自然更要由人民政协进行协商。周恩来在自己主持政务院(国务院)和人民政协的工作期间,对这一点十分注意。

1949 年 10 月 9 日,政协第一届全国委员会第一次会议召开。会议选举了全国委员会常务委员会,并通过《中国人民政治协商会议全国委员会工作条例》。为了在充分协商的基础上提出常务委员候选名单,拟定全国委员会工作条例,周恩来在会前做了大量工作,与各方面人士协商。10 月 8 日,会议召开的前一天,周恩来还特意召开会议,同出席会议的各单位首席代表协商如何开展全国委员会的工作问题,并介绍正在拟定的政协全国委员会工作条例的内容。②会议召开当天,周恩来又在会上作了《关于政协全国委员会常务委员名单协商经过和政协全国委员会工作条例主要内容的报告》,对全国委员会主席、副主席、常务委员、秘书长候选名单的协商经过及常务委员名单的协商经过作了说明,以期与会人员在充分了解的基础上对常务委员名单和工作条例进行协商表决。以后历届常委会组成人员名单,周恩来都在事先进行充分协商,会上进行详细说明。

关于政协组织建设及地方委员会的工作,周恩来也十分重视在政协内部经过协商达成一致。1954 年 12 月 4 日,周恩来主持

---

① 周恩来:《人民政协的五项任务》,载《老一代革命家论人民政协》,中央文献出版社,1997年,第190页。

② 中央文献研究室编:《周恩来年谱》(一九四九——一九七六)上卷,中央文献出版社,1997年,第3页。

政协第一届全国委员会常务委员会第六十二次会议，报告了政协第二届全国委员会第一次会议筹备情况。关于第二届政协组织层次，他说："经过一个月同各方面反复协商的结果，大家同意将原来的政协全体会议、全国委员会、常务委员会三层，改为全国委员会全体会议和常务委员会两层。"①说明政协会议由原来的三层改为两层，周恩来曾主持做过大量的协商工作，经过一个月协商，才提交常委会讨论。关于地方委员会的工作，周恩来也常主持政协内部协商讨论。1950 年 6 月 1 日，周恩来主持政协第一届全国委员会常务委员会第七次会议，讨论《政协关于地方委员会决定》（草案）。1951 年 7 月 19 日，周恩来主持政协第一届全国委员会常务委员会第二十五次会议，协商讨论《关于各省、市各界人民代表会议协商委员会工作的意见》《政协全国委员会暨省市协商委员会关于处理人民意见的试行办法》《省市各界人民代表会议协商委员会组织通则》。

在处理各党派团体、民主人士的事务时，周恩来也十分重视事先协商。1949 年 10 月 11 日，周恩来同黄炎培长谈，劝说黄炎培出任领导职务，并协商中国民主建国会其他领导人在政府中的任职问题。②周恩来处理与党派相关事务，总是尽量事先协商，这样做既能充分尊重各党派自己的意愿，又能更好地发挥他们对革命和建设事业的作用。1951 年，中共中央决定筹建全国工商业联合会。1952 年 1 月 5 日，周恩来主持政协第一届全国委员会

---

① 周恩来：《关于政协章程和政协第二届全国委员会委员名单问题》，载《老一代革命家论人民政协》，中央文献出版社，1997年，第178页。

② 中央文献研究室编：《周恩来年谱》（一九四九——一九七六）上卷，中央文献出版社，1997年，第4页。

常务委员会第三十四次会议，协商讨论筹备中华全国工商业联合会的情况，通过了《中华全国工商业联合会筹备代表会议组织条例》和《中华全国工商业联合会筹备代表会议地区代表产生办法》，对全国工商联的成立和成立后的工作开展等有关问题达成共识。1975年5月，中共中央统战部拟定了一份《关于组织爱国人士外出参观的请示报告》，上报周恩来。周恩来在批示上说："此类参观人员，如尚未与他们协商就突然宣布，似仍应分别约他们座谈一次，取得他们同意后再定，以示我们历来主张的民主协商精神。"这些人中"必有年老多病，不宜长途跋涉的，最好也与本人商量一下。""统战部同志请多采取这种工作方式，不要通知一下了事。"①周恩来所提倡的民主协商，不仅仅是国是、大事的协商，也包括这种小事、个人事务的协商，其本质是尊重每个人、每个团体、每个组织对自身事务及公共事务的意见。

周恩来主持下的人民政协的政协协商，并不限于上述四个方面。民族问题、地方建设等许多关系国家生活的重大问题，周恩来都要事先提交政协协商，广采众议，然后决断。

①　周恩来：《要坚持民主协商》，载《周恩来统一战线文选》，人民出版社，1984年，第452页。

第四章

周恩来对人民政协发挥监督作用的思考与探索

1945 年，毛泽东在延安与黄炎培先生谈及国家政权建设中的"兴衰周期率"问题时，指出："只有让人民监督政府，政府才不敢松懈；只有人人起来负责，才不会人亡政息"。可见，中国共产党很早就意识到了监督的重要性。中华人民共和国成立后，人民政协成为人民群众、党派团体协商大事、发表意见、提出建议的机构，发挥其监督作用成为人民政协建设的重要内容。

第一节　人民政协发挥监督作用的基本内涵

周恩来十分重视中国共产党与各民主党派的互相监督，认为接受和处理各民主党派和党外人士的意见，加强参加人民政协的各党派之间的相互监督是人民政协的重要任务。

一、接受和处理人民意见

民主监督正式成为人民政协的主要职能是在 20 世纪 80 年代。人民政协成立之初,与民主监督职能相似的一项工作,就是接受和处理人民意见。1951 年通过的《中国人民政治协商会议全国委员会暨省、市协商委员会关于处理人民意见的试行办法》规定:"为了密切政府与人民间的联系,中国人民政治协商会议全国委员会与省、市协商委员会应以接受和处理人民意见为其重要工作,并指定专人管理。"并指出:"人民意见包括建议、询问、要求、申诉、批评等事项,无论是口头或书面提出,均须认真处理,务使有着落,有交代。"①显然,这一部分工作与现在民主监督职能的内容和形式都很相近。

在这一时期,周恩来着重强调要重视民主党派及党外人士的意见,他在政协第一届全国委员会第二次会议党组会上说:"要让党外人士做到'知无不言,言无不尽'使他们在各种会议上敢于说话。……他们说的话不一定都对,但只要有一点好的,我们就应当重视。愿听意见不是一件容易的事,但必须去听,特别是要听不同的意见。"②

在政协成立初期,听取不同的意见,鼓励委员代表就国家的大事发表意见、建议的氛围正在人民政协逐渐形成,人民政协不

---

① 政协全国委员会办公厅、中共中央文献研究室编:《人民政协重要文献选编》(上),中央文献出版社、中国文史出版社,2009年,第145页。

② 中共中央统一战线工作部、中共中央文献研究室编:《周恩来统一战线文选》,人民出版社,1984年,第189~190页。

再代行人民代表大会职能后，周恩来在详细阐释毛泽东提出的人民政协的五项任务后，正式提出人民政协要发挥监督作用。

1954 年，全国人大会议召开，关于人民政协是否存在及其任务展开了争论，毛泽东、周恩来等主要领导人对此作重要讲话。周恩来在解释毛泽东提出的人民政协的五项任务时指出，人民政协要密切联系群众，"向有关国家机关反映群众的意见和提出建议"①。同时，周恩来也明确提出要发挥人民政协的监督作用，他说："有了人民代表大会、政治协商会议，就可以和国家行政机关唱对台戏，起监督作用。有团结，有制约，政治运用上要安排恰当，目的是为了团结"。提出意见、建议是现在人民政协履行民主监督职能的主要方式，因此可以认为这里提出的"提意见"就是人民政协发挥监督作用的初始形态，只是当时监督作用的发挥与履行政治协商职能是交叉在一起的，还没有明确地作为一项职能提出来。

二、共产党和民主党派在人民政协的互相监督

这一时期党派之间的监督日趋完善起来，成为人民政协发挥监督作用的重要组成部分。毛泽东在《论十大关系》中首先提出了党派间的互相监督，他说："究竟是一个党好，还是几个党好，现在看来，恐怕是几个党好。不但过去如此，而且将来也可以如此，就是长期共存，互相监督。"②周恩来对此也作了详细、系统的

---

① 全国政协研究室编：《中国人民政协全书》，中国文史出版社，1999年，第62页。

② 政协全国委员会办公厅、中共中央文献研究室编：《人民政协重要文献选编》（上），中央文献出版社、中国文史出版社，2009年，第268页。

解释。周恩来论述了党派之间监督的必要性,他说:"共产党是领导党,它过去搞革命,为革命而奋斗,为人民立了功,人民拥护它,欢迎它。正是因为这样,也就带来了一个不利方面。毛泽东同志在我们党的七届二中全会上提出了这个问题。我们一旦取得了全国政权,就带来了一个危险,就有一些人可能会被资产阶级的糖衣炮弹所腐蚀,被胜利冲昏头脑,滋长官僚主义,脱离群众,甚至会出现个人野心家,背叛群众。这方面的危险是随时存在的,每个共产党员都要警惕。这个问题怎么解决?最好的办法是有人监督。当然,共产党员首先要党的监督,可是整个党的工作,也还要其他党派来监督。同样每个党员也要其他民主党派监督。因为,多一个监督,做起事情来总是要小心一点,谨慎一点。"

周恩来指出民主党派发挥监督作用的优势,他说:"民主党派联系群众的方式不同,可以听到一些不同意见,对中国革命和建设是有利的。""不仅现在的社会主义建设时期,就是社会主义建成以后,由于成分来源不同,人们的思想动态还会有不同的……所以从种种方面看起来,我们这样的大国,多一点党派去联系各个方面的群众,对国家,对人民事业,有好处。"①

同时,周恩来也指出党派之间的监督的实质是扩大民主。中国共产党和各民主党派"长期共存、互相监督"的方针,实际上是扩大民主。我们是6亿人口的国家。要把6亿人的生活搞好,建设社会主义,没有互相监督,不扩大民主,是不可能做得好的。因此,互相监督的面还要扩大,不能缩小。

---

① 政协全国委员会办公厅、中共中央文献研究室编:《人民政协重要文献选编》(上),中央文献出版社、中国文史出版社,2009年,第303页。

周恩来还论述了中国共产党、中国共产党党员应该如何对待民主党派的监督："民主党派参加了革命和建设,那么,他就有一份功劳,他是人民的一分子,他就有权来说话。你要他监督,有什么不好? 所以不应该不服气。不服气就是骄傲,就是自满,这是危险的根源。应该服气,应该谦虚,应该愿意接受民主党派的监督。""重要的是共产党要承认长期共存、互相监督。我们只要是一个敢于面对现实的人,敢于揭露错误、批判错误、改正错误的人,那就不怕监督。越是监督我们,我们越是进步。只有怕人家揭露错误,自己又没有勇气承认错误、改正错误的人,才怕人家监督"。

周恩来指出政协委员在监督中的作用, 他说:"我们的人民民主专政是为了建设社会主义,消灭剥削阶级。专政的权力虽然建立在民主的基础上,但这个权力是相当大的,如果处理不好,就容易忽视民主。苏联的历史经验可以借鉴。所以我们要时常警惕,要经常注意扩大民主,这一点更带有本质的意义。要解决这个问题,就要在我们的国家制度上想一些办法,使民主扩大……例如:……我们的人大代表,还有政协委员,每年应有两次到人民中去直接视察工作。他们可以从与政府不同的角度去接触广大人民,接触实际,看我们的工作是否做得恰当,做错了没有,有什么缺点,有什么偏差。就是说可以去找岔子。"[①]

总之, 这一时期发挥人民政协的监督作用主要包括两个方面的内容: 处理人民提出的意见及共产党和民主党派在人民政协的互相监督。

---

① 周恩来:《专政要继续,民主要扩大》,载《周恩来选集》(下卷),人民出版社,1984年,第207页。

第二节 阐述人民政协民主监督的特点

一、民主监督的合作性和建设性特征

人民政协对执政党和政府的民主监督，不是为了改变执政党和政府的地位，而是要改进执政党的领导和政府的工作，体现了人民政协民主监督的合作性和建设性特征。

民主党派是人民政协的参加单位，是履行民主监督职能的重要力量。民主党派在国家政权中是参政党，是同中国共产党通力合作、共同致力于社会主义事业的亲密友党。在中国共产党的领导下，民主党派参与国家大政方针和国家领导人选的协商，参与国家事务的管理，参与国家方针、政策、法律、法规的制定执行。中国共产党同各民主党派团结合作，互相监督，共同致力于中国特色社会主义和统一祖国、振兴中华的伟大事业。民主党派履行其参政权力和民主监督职责，为国家方针政策和法律法规的制定执行提出代表本阶层利益呼声的意见建议，这是我党必不可少的信息来源和重要参考，是科学民主执政的必然要求。对执政的中国共产党进行民主监督，是多党合作的重要内容，也是各民主党派作为参政党的重要职能。民主党派作为中国政党政治格局中的支撑者和支持者，在多党合作的政党制度框架下，以更好的姿态和自身的优势，切实履行政治协商、民主监督、参政议政职能，是维护中国共产党领导的政治格局的必要条件。作为与中国共产党长期共存、互相监督的诤友，民主党派在社会主义

革命、建设和改革各个历史时期，为中国共产党提出了许多富有价值的意见和建议，在推动党和政府决策的民主化、科学化以及减少、避免失误等方面，发挥了极其重要的作用。

周恩来曾经对中国共产党与民主党派的亲密合作关系作了这样的阐述："各民主党派间的关系，主要是中国共产党和各友党之间的关系，是良好的和融洽的。各民主党派对于中央人民政府所执行的各项重要政策，都经过充分的协商，取得了一致的意见。在中共中央发出关于加强与党外人士的团结合作的指示并开展整风运动以后，这种合作将更有进步。"①

共产党和民主党派的这种合作关系，决定了民主党派在进行民主监督的过程中无论是建言献策，还是提意见、作批评，都要有助于加强和改善中国共产党的领导，都要服从和服务于国家的大局。这样的监督，与西方多党制下各党派之间的互相监督有着本质区别。西方多党制下反映出来的监督往往是以自身利益为出发点，互揭丑闻，以迫使对方下台。而在社会主义条件下，我国各阶层、各党派的利益是共同的。由于利益的共同性，两者之间并不存在竞争关系，而是"长期共存，互相监督，肝胆相照，荣辱与共"的关系。中国共产党在充分尊重和信任各民主党派的基础上，与各民主党派保持长期合作的关系，并认真接受他们的监督。这种关系可以说是既真诚合作，又互相监督，合作是基础，监督是为了更好合作。

---

① 周恩来：《为巩固和发展人民的胜利而奋斗》，载《周恩来选集》（下卷），人民出版社，1984年，第39页。

的确,政协委员不可能像人大代表一样可以直接行使权力进行监督,但由于政协委员中的党派成员和各界别委员大多是各条战线的专家和有识之士,具有广泛的代表性;由于党派成员地位比较超脱,旁观者清,其反映的意见建议具有较大的客观性;由于党派成员大多阅历广、知识层次高,能提出比较有见地的意见建议、切中时弊的批评,以自己独特的视角反映广大人民群众的呼声,从而可以提供一种单靠党政机关所不易提供的监督,发现一些党政机关自身所不易发现的错误,实现对党和国家权力的制约和监督,减少决策失误和政治腐败。

人民政协的民主监督具有合作性和建设性的特点,来自于统一战线的方方面面,来自政协的各个界别、各个领域。周恩来指出:"工会是统一战线的人民团体……中央和地方上的精简工作如果做不好,工会有权把问题提出来,要起监督作用。当然不是与政府对立,是协助政府办事。政府没做好的事,工会可提意见。党派互相监督,工会也可以同其他方面互相监督,这要作为任务,大家一条心,朝着一个方向,把工作做好。"[1]

在此,周恩来提出,民主监督并不是要改变党和政府的领导,而是要调动一切积极因素,化消极因素为积极因素,团结一切可以团结的力量,共同维护和发展安定团结的政治局面,推进社会主义现代化建设,协助党和政府管理国家和社会事务。

---

[1] 周恩来:《我国人民民主统一战线的新发展》,载《周恩来选集》(下卷),人民出版社,1984年,第397页。

二、要大力发挥民主党派的监督作用

民主党派在中华人民共和国成立中发挥了重要的作用,同样的,在国家的建设中也是不容忽视的力量。周恩来认为:

> 今天中国还有各个阶级,我们的党员只占全国人口的百分之一,要做好工作,就需要听取各方面的意见。毛泽东同志常说,和党内同志在一起,听到的意见总是差不多,不同的意见就不容易听到。所以毛泽东同志每月总有几次和民主党派人士谈一谈。这对于研究中国社会,吸取党外人士的好意见,改进工作都是有益的。①

> 不仅在现在的社会主义建设时期,就是社会主义建成之后,由于成分来源的不同,人们的思想动态还会有不同的。工商业者在一起,总是可以把工商业者的心里话多说一些。小资产阶级出身的知识分子在一起,可以谈他们心灵深处的话……这是一种社会关系的反应。我们是从一个复杂的阶级社会来的。认为只要有一个共产党,问题就都可以解决了,这是一个简单的想法。这样做必然会使我们的耳目闭塞起来。②

民主党派作为政党组织在发挥监督作用中有独特的优势。周恩来认为:

---

① 周恩来:《长期共存,互相监督》,载《老一代革命家论人民政协》,中央文献出版社,1997年,第150页。

② 同上,第258页。

民主党派在人民民主统一战线中起着相当重要的作用……把上层政治活动分子组织起来也有必要。组织起来比没有组织更好。组织起来好处很多,便于他们学习,便于他们把各个阶级的意见反映给我们,在政治上他们也能够更好地同我们合作和配合,有些工作他们去做有时比我们更有效,在国际上也有影响。①

民主党派凝聚了各行各业的专家学者和一定数量的社会活动家。他们有较高的科学文化知识,有广泛的社会联系和影响,有较丰富的政治阅历,在我国现代化建设中发挥着不可替代的监督作用。他们提出的意见建议和批评是有科学价值的和实践指导意义的,为我们党和政府科学决策和施政提供了有力支持。周恩来指出:

今后要把事情搞得更好,大家要共同负责,长期共存,互相监督,民主党派要负起监督的责任。我们把事情报告出来,也作了初步的经验总结,今后根据大家同意的方针和任务去执行。在执行过程中,民主党派要进行监督、提意见。所以我们说:民主党派在社会主义改造和社会主义建设中的责任更重了,而不是轻了。②

---

① 周恩来:《发挥人民民主统一战线积极作用的几个问题》,载《老一代革命家论人民政协》,中央文献出版社,1984年,第100页。

② 周恩来:《我国人民民主统一战线的新发展》,载《周恩来选集》(下卷),人民出版社,1984年,第395页。

有关文件等也交非党人士审查，一切指示、法令也要他们修改。这样，不仅不会动摇我们的政策，而且还会完善我们的政策。①

三、民主监督需要共产党的领导与支持

中国共产党是我国的执政党，人民政协是中国共产党领导的多党合作和政治协商的重要机构。参加政协的各民主党派、人民团体及各族各界人士，在任何条件下都不是西方多党制下的反对党或反对派。实行民主监督，是为了加强和改善党的领导，为建设富强、民主、文明的现代化国家提供强有力的保障。

人民政协不是权力机关，人民政协的民主监督靠的不是权力、不是强制性，靠的是真知灼见，靠的是以理服人，靠的是社会影响力。相对于党内监督、法律监督、行政监督，它是一种非权力监督，不具有法律的约束力，但它通过批评建议等形式对决策机关形成一定程度的影响，是通过有法律制度保证的人民政协的组织行为产生的，是层次较高、民意体现较为广泛的一种组织监督。因此，民主监督作为人民政协工作的一项重要职能，要充分发挥它的优势和作用，体现民主监督自身特点，需要党的正确领导和大力支持。

① 周恩来：《发挥人民民主统一战线积极作用的几个问题》，载《老一代革命家论人民政协》，中央文献出版社，1984年，第172页。

第三节 探索人民政协民主监督的形式

一、学习古今中外有效的监督办法

（一）封建时代的制约办法

"监督"一词在古代有监察督促的意思。在封建社会的管理体制中，统治阶级为了维护其封建统治，必然有一套制度性的监督措施，来保证其颁布的政治条文和法律法令的贯彻执行。古代的监督机制尽管不够科学、不尽合理，但是确有值得我们学习和参考之处。人民政协的民主监督并不一定要模仿古代制度措施，但是需要有保证来自各族各界人士的批评建议得以最真实、最有效、最及时表达的途径，需要有保证人民政协充分发挥监督作用的制度机制。对此，周恩来作了重要论述："正义的线贯串在人民身上。在旧社会，劳动人民身上有不少好东西，但在统治阶级中的一些人身上也有好的东西。尽管我们对整个封建的剥削制度是否定的，但他们有些制约的办法也还有可取之处。如戏中这样表现，况钟去见周忱，周忱不见，况钟击鼓，他就不敢不见了。我们国务院，人民群众要见我们，有的也难见。况钟把金印拿出来，周忱不敢接受。击鼓、退印，就是况钟对付周忱的办法。现在有个风气，对领导不称首长就会有人怪。目前我们所谓保卫首长的某些办法是有缺点的，老百姓想见做'官'的是多难啊！我们也需要一套制约的办法。"①

---

① 周恩来：《关于昆曲〈十五贯〉的两次讲话》，载《周恩来选集》（下卷），人民出版社，1984年，第198~199页。

（二）西方议会的具体形式和方法

西方国家的议会除了行使立法权、财政权之外，还对政府有强大的监督权，包括不信任投票权，对政府的政策、决策、行为进行的质询和调查权，对财产收支计划完成情况、财政收支情况和财政政策实行检查权，对外交和战争的监督权及对政府及其工作部门人员的弹劾和任命批准权，等等。西方的议会监督，主要是指议会对政府及其职能部门行政行为实施的监督。它肇始于英国，后相继在其他资本主义国家确立和发展，至今已有三百余年历史。它体现了资产阶级的分权学说及权力制衡原则，是西方监督体制中最主要的、最具代表性的监督制度，是一种比较规范、完备、有效的制度，对人民政协民主监督的发展有一定的学习和借鉴意义。对此，周恩来指出："资本主义国家的制度我们不能学，那是剥削阶级专政的制度，但是，西方议会的某些形式和方法还是可以学的，这能够使我们从不同方面来发现问题。换句话说，就是允许唱'对台戏'，当然这是社会主义的'戏'。"即提倡监督。

二、人民政协民主监督的主要形式

人民政协对党和政府的工作采取什么形式进行监督呢？首先是通过政协全委会、常委会、主席会议等会议形式，通过委员个人或集体作报告、发言，提出意见和建议来体现。此外，周恩来认为，民主监督的主要工作形式有提案、视察、会议发言、参与工作检查等，并强调委员的发言无论对错都要公开。

（一）提案

人民政协的提案是委员履行政治协商、民主监督职责的重要形式，也是发扬社会主义民主的重要渠道。分布在各地、各行、各业的委员，可以利用提案这种灵活方便的形式，对国家经济社会各方面的问题，提出意见和对策建议。他们提出的问题大都是亲眼所见、亲自感受的问题，都是同国家经济建设和社会发展、同百姓切身利益紧密相关的问题。提出的对策建议多数是经过深思熟虑，有情况、有分析，具有可行性和可操作性。

周恩来对于委员提案很重视。1957年2月，他在第二届全国委员会常务委员会第三十四次会议上说："要允许不同的意见在大会上讨论。讨论的结果，几个人可以商量，产生提案，有些提案可以变成决议案。"①

1960年政协第三届全国委员会常务委员会第八次会议上，在讨论第三届全国委员会第二次会议准备工作时，周恩来说："提案审查委员会，每次会议都要设立，大会的第一天就要通过。现在提出的25位了解各方面情况的名单，要由会议通过。这是件苦差事，每件提案都要看，都要审查。""提案有个截止日期便于审查，截止日期以后如果还有提案，还可交常务委员会处理。"②周恩来这一指示，进一步为委员提案打开了方便之门。就是说，截止日期后，委员还可以在会议闭幕以后继续提出提案，交有关部门处理，不能因为有截止日期，限制重要提案的提出。这样也

① 全国政协提案委员会办公室：《政协提案工作资料汇编》，中国文史出版社，1988年，第1页。

② 同上，第2页。

就为委员们创造了平时运用提案充分发挥作用的机会。①

（二）调查研究

1962 年 4 月，周恩来在中国人民政治协商会议第三届全国委员会第三次会议上谈到人民政协工作的新任务和新发展时，强调了人民政协调查研究工作的重要性："政协要多组织一些调查研究工作。要使我们的建设搞得更好，首先就要实地调查，才能知道实际情况，如实反映情况，才有具体材料、具体经验可供讨论和研究。不要面临政协开会了，才到下面去视察访问，平常也可以分期去，比如说一年下去几次，不一定都要同时去。现在是调整阶段，更需要多知道实际情况。政协这个机构，应该参加这个工作，到农村和城市去进行调查研究工作，再回到政协里面来时，就可以交换意见了。不管中央的、全国的、地方的，都可以交换意见，交换经验。这样，我们的座谈会、报告会就有生动的事例来讨论，就能够产生一些提案、意见和建议，使得各方面的力量都动员起来。"②

1965 年 3 月，周恩来在政协第四届全国委员会第一次会议上的讲话中，结合他领导政府工作的经验，指出调查研究、实事求是是不容易的。他举例说明后进一步指出："我们调查研究可要注意第一手材料。蹲点也不一定能取得第一手材料，不一定能抓到事物的本质，看你怎么蹲法，要走阶级路线，要走群众路线，同时要实事求是。对群众的意见，第一不能泼冷水，第二要实事

---

① 参见马永顺：《周恩来与人民政协》，中国文史出版社，2004年，第204页。

② 中共中央统一战线工作部、中共中央文献研究室编：《周恩来统一战线文选》，人民出版社，1984年，第434~435页。

求是。"①调查研究怎样才能做到实事求是呢？周恩来认为必须要有理论指导,对事物进行分析、综合和比较。他说：

> 我们下去调查,必须对事物进行分析,事物总存在内在的矛盾,要分别主次;总有几个侧面,要进行解剖。各人所处的环境总有局限性,要从多方面观察问题;一个人的认识总是有限的,要多听不同的意见,这样才利于综合。事物总是发展的,有进步和落后,有一般和特殊,有真和假,要进行比较,才能看透。下去调查,要敢于正视困难,解决困难。一个困难问题解决了,新的困难问题又来了。共产党人就是为不断克服困难,继续前进而存在的。畏难苟安,不是共产党人的品质。②

周恩来还强调,调查研究要有理论指导。他说：

> 光有调查研究,没有理论指导也不行。没有理论指导,就会妨碍我们去进行调查研究。做一件实际工作,做了一年、半年,可能还看不出问题来;调查研究了几百条,也可能找不到关键。另外,还有一个调查研究的方法问题,这就是必须用马列主义、毛泽东思想作为我们的武器来进行调查研究,这样调查研究才能实事求是。进行调查研究要走群众路线,采用民主集中制,要从群众中来到群众中去,把群众的智慧集中起来,坚持真理,不

---

① 马永顺:《周恩来与人民政协》,中国文史出版社,2004年,第248页。

② 周恩来:《加强调查研究》,载《周恩来选集》(下卷),人民出版社,1984年,第313页。

断地修正错误,继续前进。这就是实践跟理论的结合。调查研究是把实际问题用理论加以提高。最近,毛主席又在提倡加强调查研究工作。因为最近三年大跃进,伟大成绩使我们高兴,但是的确有许多事情跟实际有些不那么切合,是浮在上面的。我们要深入下层,这在一九五八年不是提倡过的吗? 我们要真正去做调查研究工作,用毛泽东思想作武器来提高。调查研究工作必须加强,政府工作人员要这样做,党的领导人员也要这样做。我想,人大代表、政协委员和国务院的人,如果愿意进行调查、参观,我们应该帮助组织。一切从实际出发,一切从六亿五千万人口出发,问题就会解决得好。①

(三)视察

委员视察是人民政协履行职能的重要形式。政协委员视察团到各地视察,可以了解该地区贯彻落实党和国家方针政策及经济建设、社会发展等方面的情况,根据自己在视察中的所见所闻所感,提出经济和社会发展的意见和建议,对其贯彻落实中央路线方针政策中和经济社会发展中存在的问题提出意见和批评,与地方党政领导交换意见,提出改进措施等,充分发挥政协民主监督的积极作用。

1956 年 7 月,周恩来在中国共产党上海市第一次代表大会上,在谈到通过视察扩大民主的途径和方式时指出:"第一,使人大代表经常去接触人民。我们的人大代表,还有政协委员,每年

---

① 中共中央文献研究室编:《周恩来经济文选》,中央文献出版社,1993年,第433~434页。

应有两次到人民中去直接视察工作。他们可以从与政府不同的角度去接触广大人民,接触实际,看我们的工作是否做得恰当,做错了没有,有什么缺点,有什么偏差。就是说可以去找岔子。我们不要怕,我们有信心,不仅敢让党员,还敢让非党员、民主人士和资产阶级代表看我们工作中的缺点、偏差。只要不是恶意的,即使看错一点看偏一点也不要紧。这种方式已采用一年半了,要继续坚持下去。"①

1959 年 4 月,周恩来在政协全国委员会举行的茶话会上的讲话中又强调:"到各地视察既是政协委员的权利,也是他们的义务,但是要量力而行,有的可以不去,也可以就近视察。这次张文白先生提出在北京附近视察,我们就赞成。以后,可以把老年人组织在一起视察,少看多休息,不能和年轻人一样对待。"②

1957 年 3 月,人民政协第二届全国委员会举行第三次全体会议,周恩来作了政治报告,重申了中共中央和毛泽东关于发扬民主和互相监督的精神。会议根据这个精神,在决议中明确提出:"我们必须根据中国共产党和各民主党派'长期共存、互相监督'的方针,继续发扬民主,健全国家政治生活。"在关于常务委员会工作报告的决议中也指出:"中国人民政治协商会议当前的主要任务,是在中国共产党的领导下,根据'长期共存、互相监督'的方针,进一步加强全国人民的大团结,扩大民主生活,调动一切积极因素,为建成一个伟大的社会主义工业国而奋斗"。"要

---

① 周恩来:《专政要继续,民主要扩大》,载《周恩来选集》(下卷),人民出版社,1984年,第207页。

② 周恩来:《把知识和经验留给后代》,载《周恩来统一战线文选》,人民出版社,1984年,第392页。

进一步扩大团结面,扩大民主生活,发扬互相监督的作用,通过日常活动和视察工作,密切联系群众,反映意见,向有关国家机关提出建议和批评。"①大会后,为了具体落实周恩来的报告和大会决议,政协全国委员会常务委员会第四十次会议与全国人大常务委员会第五十五次会议联席举行,讨论了人大代表和政协委员1957年上半年视察工作问题。自此之后,政协全国委员会的视察工作便有计划地坚持下来。

建立人民代表和政协委员的社会视察制度有三个好处。一是能够直接了解法律和法规的执行情况。一方面从立法监督的角度上说,直接视察可以了解法律或法规本身是否有漏洞或不完善的地方,为修订它提供依据;另一方面是了解政府及其工作人员的执法是否公正,有无违法乱纪行为。二是通过视察,可以了解当地政府在行政工作中存在的缺点和错误,以便及时地得到纠正。通过直接视察,人民代表和政协委员还可以提出意见或建议,促进各项事业的发展。三是可以沟通人民群众同政府之间的联系。人民代表大会是人民群众行使国家权力的机关,在它休会期间人民群众有权向他们所选举产生的代表提出对政府工作的意见或建议。人民代表有责任将人民群众的意见或建议向政府转达。②

政协委员应邀参加党政机关组织的廉政、执法、纠风等专项检查活动。有些地方党政、司法部门主动邀请政协委员参加廉政

---

① 马永顺:《周恩来与人民政协》,中国文史出版社,2004年,第157页。

② 参见罗振宇:《周恩来关于加强对政府监督的重要思想》,《天府新论》,1998年(增刊)。

建设、执法纠风、行风行纪等专项检查活动,有的请委员当监督员、巡视员、顾问,主动发挥政协委员民主监督的积极作用,参与有关部门执行政策法规、勤政廉政、行风建设、内部管理等事项的监督检查评议活动,发表意见、提出建议、批评和举报等。这是委员直接参与民主监督,提高委员履行政协职能的举措,也是党政部门重视发挥人民政协的作用,完善监督制约机制的创造。

1956 年 7 月,周恩来在中国共产党上海市第一次代表大会上,在谈到扩大民主、实行监督的途径和方式时指出:"我们还要进一步使人大代表参加对政府工作的检查,一直到检查公安、司法工作。应该承认,我们的工作基本上是有利于人民的,是为人民服务的。二十年来,在党中央的正确领导下,我们的事业从胜利走向新的胜利。不过我们也有缺点错误,必须经常检查我们的工作,发现了缺点错误就要改正。在检查工作中,即使有的人看法有偏差,有资产阶级观点,但是从那个观点也许会发现一些我们还没有发现的问题。"①这样使得人大代表能对政府工作各个方面进行全面、直接的监督。这里值得注意的是,他强调,应该正确借鉴西方发达国家好的管理方法,进一步完善我国行政监督机制的思想,为我们如何向资本主义国家的某些管理方法学习指明了方向,确立了原则,即只要有利于社会主义政权巩固的某些管理方法,我们就可以去学,去借鉴。政府与人大之间允许"唱对台戏",要鼓励各民主党派负起对政府的监督责任。他指出:"今后要把事情搞得更好,大家要共同负责任,长期共存,互相监督,

---

① 周恩来:《专政要继续,民主要扩大》,载《周恩来选集》(下卷),人民出版社,1984年,第208页。

民主党派要负起监督的责任。""今后根据大家同意的方针和任务去执行。在执行过程中,民主党派要监督、提意见。"①"在具体政策上持有不同意见,与其说应该允许,毋宁说我们欢迎。"②这里虽然表面直接论述了人民代表大会的监督作用,从上下文的表达来看,也应该包括人民政协的监督作用,因为在1954年9月全国人民代表大会召开前,人民政协执行人大的职能。

1964年9月,周恩来在听取公安部的汇报时指出:"公安机关摊子很大,权也很大,今后都应注意加强监督,尤其是加强群众的监督。实行群众监督要有适当的形式,如何建立群众的监督,这方面还有很大的潜力,我们还没有充分地加以运用"。他认为:"公安机关有四种监督,即党的监督、群众的监督、上下监督、法律监督,主要是群众监督。"③

（四）双周座谈会、学术性报告和讨论

中华人民共和国成立初期,国际形势十分复杂,国内各项社会改革和经济恢复建设的任务十分艰巨,为了使参加人民政协的各民主党派之间加强联系,及时沟通情况,统一思想,协商处理一些重要问题,周恩来同几位民主党派负责人谈话时,提议由民主党派共同发起,每周举行一次座谈会。与会者都表示同意。根据周恩来的指示精神,1950年3月14日,政协全国委员会工

---

① 周恩来:《我国人民民主统一战线的新发展》,载《周恩来选集》(下卷),人民出版社,1984年,第395页。

② 同上,第389页。

③ 中央文献研究室编:《周恩来年谱》(一九四九——一九七六年)中卷,中央文献出版社,1997年,第666页。

作会议第一次会议决定每两周举行一次各民主党派座谈会。1950 年 4 月 20 日,各民主党派、无党派人士双周座谈会举行第一次会议。1950 年 9 月 21 日举行的双周座谈会第八次会议,正式通过了《双周座谈会暂行组织办法》。后来,虽然座谈会改为不定期举行,但是它结合党和国家的形势和各个时期的中心任务以及统一战线工作,讨论了大量问题,密切了各民主党派的关系,同时也为各民主党派民主监督创造了条件。

1962 年 4 月,周恩来在中国人民政治协商会议第三届全国委员会第三次会议上指出:"政协过去的工作,偏重于政治学习、国际活动和文史资料的收集,今后要多开展学术性的报告和讨论,要有意识地多邀请学术界的朋友参加。这一次会议反映这方面的意见多起来了,发言的同志在这方面也提供了很多宝贵的意见。从建设的要求来看,我们也需要发展这方面的工作。过去一个短时期里,全国政协也曾经组织过学术性的报告会但是做得不多"。"我们是政协机关,可以同时提出各种不同的意见,争论的结果,不一定得出一致的结论,可将不同的意见提交有关方面,如政府机关、科学研究机关、教育机关或者其他学术团体。这些不同意见的提出,表现了'百花齐放、百家争鸣'的方针在这里的贯彻。多有些不同的意见,就使执行机关能从多方面去考虑,利于选择比较更恰当的方案来执行。"①

---

① 周恩来:《我国人民民主统一战线的新发展》,载《周恩来统一战线文选》,人民出版社,1984 年,第435页。

第五章

周恩来与人民政协组织构成和
工作机制的创建

中国人民政治协商会议是以毛泽东为代表的中国共产党人用马克思主义理论，探索适合中国国情的民主形式的一个伟大创造。在此创造过程中，周恩来在阐释人民政协的组成原则，创建组织机构和工作机构，探索工作方式和工作内容上做出了突出的贡献。

第一节　人民政协组成原则和委员构成

1949 年 9 月，中国人民政治协商会议第一届全体会议隆重召开，标志着人民政协的正式成立。人民政协在成立之初，不仅仅是统一战线组织，同时还要代行人大职能，可以说，人民政协当时是中国现代民主制度的集中体现，如何实现中国共产党人所追求的、以马克思主义为指导的民主本质，是建设人民政协应该首先考虑的问题。马克思主义民主理论不但认为民主是国家形式，是国家形态的一种；而且还强调民主是人民的权利，是全体人民真正平等地、真正普遍地参与一切国家事务的权利。同时也指出，民主是具体的历史的，社会主义民主是无法自发实现的，需要共产党人努力争取全世界民主政党之间的团结和协调。正是从马克思主义民主理论出发，周恩来详细阐述了在中国为实现人民民主建立一个包括全民族绝大多数人口的最广泛的统一战线，所要坚持的基本原则。

一、人民政协组成要坚持严肃性、广泛性、代表性原则

（一）严肃性

中国共产党在协商并确定人民政协的参加名单时首先注意的就是政治上的严肃性。《新政治协商会议筹备会组织条例》第一条："新政治协商会议为全中国拥护新民主主义、反对帝国主义、反对封建主义、反对官僚资本主义及同意动员一切人民民主力量，推翻国民党反动统治、建立人民民主共和国的各民主党派、各人民团体、各解放区人民政府、人民解放军、国内少数民族、海外华侨及无党派和各界民主人士代表人物所组成，国民党反动政府统治下的一切反动党派及反动分子不容许参加。"这是一个很明确、严肃的选择标准。周恩来在《中国人民政治协商会议第一届全体会议召开前向政协代表作的报告》中指出："我们既然是实行新民主主义，反对帝国主义、封建主义和官僚资本主义，代表中当然不能包括一切反动党派和反动分子，即反对新民主主义而拥护帝国主义、封建主义和官僚资本主义的分子。"制定这样的原则，"是从政治上考虑的，是以目前的政治形势和政治任务的要求为主要根据的"。"只有这样，才能代表全国人民，

而为全国人民所信托。这就是确定代表时的严肃性。"①

人民政协组成的严肃性原则就是人民政协的组建要坚持其作为统一战线组织所赖以存在的共同的政治基础，要始终坚持人民政协的"人民"性质。民主就其本义而言，是"人民的统治"，人民享有统治国家和管理国家、自身事务的权力。马克思主义所倡导的无产阶级民主在历史上第一次赋予"民主"的"民"字以劳动人民的真正含义，劳动人民真正成为国家的主人，享有管理国家的最高权力。中国共产党所追求的是人民民主的宗旨，是广大人民群众当家做主，它以广大人民群众为基础，以现实人民群众的社会状况为出发点。同时也以广大人民群众为归宿，最终的目的是为了使人民群众既能够充分表达自己的意愿，又能够实现自己的合理的意愿。人民政协组成的严肃性原则充分体现了中国共产党的这种与马克思主义民主观一脉相承的民主观念。

为了更好地坚持人民政协组成的严肃性原则，周恩来从中国的国情出发，对"国民"与"人民"区别作了阐述。他说：

> 有一个定义须要说明，就是"人民"与"国民"是有分别的。"人民"是指工人阶级、农民阶级、小资产阶级、民族资产阶级，以及从反动阶级觉悟过来的某些爱国民主分子。而对官僚资产阶级在其财产被没收和地主阶级在其土地被分配以后，消极的是要严厉镇压他们中间的反动活动，积极的是更多地要强迫他

---

① 周恩来：《关于人民政协的几个问题》，载《周恩来统一战线文选》，人民出版社，1984年，第130~131页。

们劳动,使他们改造成为新人。在改变以前,他们不属于人民的范围,但仍然是中国的一个国民,暂时不给他们享受人民的权利,却需要使他们遵守国民的义务。这就是人民民主专政。这是对我们中华人民共和国的团结和生产有利的。①

因此,要求全国人民,"在人民民主统一战线中,必须分清敌、友。敌人是在统一战线外边,朋友是在统一战线里面,对待敌人与对待朋友,应有基本区别。固然,在敌人阵营确有不少动摇分子,可以被分化出来转向人民阵营中;但当作一个整体的阶级来说,对于敌人却不能存在任何幻想,必须予以消灭。只有在解除其阶级武装后,才有可能实行劳动改造,使这些反动阶级分子成为新人。对待某些从敌人阵营中分化出来的人们,必须要求他们在实际行动中对人民低头,才算真正转到人民阵营中来"②。只有这样,才能做到真正坚持人民当家做主,保障人民民主的先进性。

1954年,人民政协代行全国人民代表大会职能结束,人民政协依据宪法制定了章程,在章程的总纲中,规定了参加人民政协的七条标准。其中"拥护中华人民共和国宪法,全力贯彻实施宪法""巩固工人阶级领导的人民民主制度""坚持对国内外敌人的斗争",这三条准则都指明人民政协的组成要以维护人民民主的性质,体现人民民主的优越性为前提。周恩来在《关于政协章程

---

① 周恩来:《人民政协共同纲领草案的特点》,载《周恩来统一战线文选》,人民出版社,1984年,第147页。

② 中共中央文献研究室、中央档案馆编:《建国以来周恩来文稿》(第二册),中央文献出版社,2008年,第496页。

和政协第二届全国委员会委员名单问题》的报告中重申了这七条原则，并指出"这七条标准是全国各族人民、各民主党派、各人民团体和其他爱国人士团结奋斗的共同政治基础"①。可见，坚持人民政协组成的严肃性原则，科学分析社会阶级状况发生的重大变化和统一战线内部结构的变化，准确认识各时期人民民主统一战线的共同的政治基础，进而提出新时期统一战线和人民政协的任务，是人民政协在每个变革阶段都要遵循的重要原则。

（二）广泛性

我们要建设的民主只能是社会主义民主或称人民民主，这种民主必须是历史上最广泛的民主，是最大多数人的民主。因此，广泛性必然是人民政协的重要组成原则。周恩来在政协的讲话、报告中反复讲人民政协必须具有广泛性。他说："我们的政权是属于工人阶级、农民阶级、城市小资产阶级和民族资产阶级四个阶级联盟的。此外，政协代表中还包括从封建阶级、官僚资产阶级中分化出来并投向革命阵营的爱国民主人士。这就是确定代表人选时的广泛性和灵活性。"②构成政协的单位和个人方面要多，他说："照顾到了各个方面。在各人民团体的代表中，除了工人代表、农民代表外，还有妇女代表、青年代表、学生代表、文艺工作者代表、新闻界代表、工商界代表、教育工作者代表、自然科学工作者代表、社会科学工作者代表。我们也照顾到还不能立刻

---

① 中共中央统一战线工作部、中共中央文献研究室编：《周恩来统一战线文选》，人民出版社，1984年，第259页。

② 周恩来：《关于人民政协的几个问题》，载《周恩来统一战线文选》，人民出版社，1984年，第131页。

成立组织团体的方面,如自由职业者代表。我们还照顾到海外华侨和少数民族。但是尽管如此还是不够全面,所以又设了一个特邀单位。"①总之,人民政协要包括"在革命战争中锻炼出来的朋友""在土地改革和敌后根据地斗争中锻炼出来的朋友""在国民党统治时期的民主运动中锻炼出来的朋友""脱离反动派而起义的朋友""保护国家器材有功的朋友",②这样,政治协商会议才能成为集中全国人民力量的大会,成为全国人民行使民主权利的大会。

人大成立以后,周恩来又从人大与政协不同的角度,阐述了政协的广泛性原则。他说:"在名单中各党派、各团体、各个方面都照顾到了。如工会方面,因劳动模范当人大代表的很多,政协委员就着重于新老工会工作者。农民也不都是生产合作社的社长或劳动模范,他们当人大代表的也很多,政协就着重吸收农村工作者……凡在地方上有代表性的人物都照顾到了。"③总之,"政协不同于人民代表大会,政协为了团结面更广泛,要把能够团结和希望团结的人都团结起来"④。"政协不是一盆清水","政协就是要团结各个方面的人",我们就是通过人民政协吸收不同意见的人在一起,要善于和这些人协商,团结他们。既做到保证

---

① 周恩来:《关于人民政协的几个问题》,载《周恩来统一战线文选》,人民出版社,1984年,第132页。

② 同上,第133页。

③ 周恩来:《关于政协章程和政协第二届全国委员会委员名单问题》,载《周恩来统一战线文选》,人民出版社,1984年,第262页。

④ 马永顺:《周恩来与人民政协》,中国文史出版社,2004年,第72页。

大多数人的利益诉求,也保证少数人的愿望表达。这样政治协商会议才能前进,才能有利于国家建设。

周恩来认为,坚持人民政协组成的广泛性原则,必须坚持人民政协参加单位设置的灵活性原则。即随着时代的变化,适时设置和调整人民政协参加单位以保证其广泛性。周恩来认为,因时制宜、因地制宜是建设人民政协的重要原则。每届政协会议召开之前,周恩来都会对委员名单做一个详细的说明,阐明其中的变化及其原因。例如在讨论第二届政协委员名单时,他说:"团体,过去是 16 个,现在是 17 个。取消 3 个,增加 4 个。增加的是:合作社;医疗卫生界单独分出来,作为一个单位更好;对外和平友好团体过去没有,总奋斗目标也说这是一个重要方面,应成一个独立单位;社会救济福利团体,国际上也常有活动,这次红十字会在日本也做了很多工作。取消的有 3 个:学联和青联合并在一起;自由职业界没有了;上海人民团体过去是一个独立单位,现在也不需要了。"①这就是根据当时的经济社会发展情况和需要,及时调整了人民政协的参加单位,保证政协参加单位广泛的代表性。同时也提出,要从发挥历史作用的角度有一些发展性的预期,并不是根据一时一地的需要,要有长远眼光,例如对"无党派"作为一个参加单位的考量。他说:"每个单位总是一个团体,并经过协商以后才能参加,参加后就成为中国人民政治协商会议的单位。这是发展的,到了那个时候,无党派是值得考虑的。"②

---

① 马永顺:《周恩来与人民政协》,中国文史出版社,2004年,第60页。

② 周恩来:《关于人民政协的性质和作用问题》,载《老一代革命家论人民政协》,中央文献出版社,1997年,第42页。

"党派中的无党派,代表的几位人士一再谦辞,主张不要,也有点像救国会的主张,想宣告解散。这次我们坚持了,各党派群起拥护,省得我们第三届政协再检讨,它的历史作用还未完成,就不用急。"①

作为新民主主义性质的人民民主统一战线,人民政协组成坚持广泛性原则,保证了工人、农民、小资产阶级和民族资产阶级及其政党参与人民民主政权,展现了中国共产党团结一切可以团结的力量的建国实践。进入社会主义阶段以后,人民政协的社会基础发生根本性的变化,小资产阶级和民族资产阶级作为一个阶级已经不存在了,周恩来又从社会主义统一战线组织的角度,重申了人民政协的广泛性原则,"我们这个统一战线,要动员广大力量来发扬民主生活,参加建设。不单是政协应该做,各民主党派、各人民团体、各民族、各方面都要把它所有联系的人们动员起来参加,这才是把同一战线的全部成员动员起来"②。广泛性原则充分体现了人民政协作为统一战线组织的特性,实现了中国共产党"到处都努力争取全世界民主政党之间的团结和协调"的民主要求,有效地保障了各阶级、各社会力量在共产党领导下的团结性。

(三)代表性

人民享有民主权利就要能够参与国家管理,充分发扬社会主义民主也就是使人民群众真正平等地、真正普遍地参与一切

---

① 马永顺:《周恩来与人民政协》,中国文史出版社,2004年,第60页。

② 政协全员委员会办公厅、中共中央文献研究室编:《人民政协重要文献选编》,中央文献出版社、中国文史出版社,2009年,第338页。

国家事务。当然,人民行使民主权利会受到各种因素的制约,因此虽然国家事务在理论上是全体人民都可以参加的,但做起来却远不是人人都能参加,这样代表性在我们探索发扬社会主义民主途径中显得尤为重要。在人民政协的组建过程中,代表性是被反复讨论的重点。周恩来在解释第一届政协人员构成时总结说:"人民政协有了这样广泛的各民主党派、各人民团体、各区域、人民解放军、国内少数民族、国外华侨及爱国民主分子的代表人物,的确可以说是代表性最完备的一张名单,的确可以说是表示了全国人民力量的大团结。""从代表性这一点来说,可以说每个人都有他的代表性。"①当然,这里不仅仅是一个非常泛泛的、方方面面都照顾到的代表性,其最终的目的实现人民民主,因此周恩来同时还指出:"我们在确定代表名额和人选的时候,不是平均主义的而是有重点的,重点在哪里呢? 就是'以工农联盟为基础,以工人阶级为领导'……参加这次会议的不仅有各民主党派,有多年来为民主事业而奋斗的无党派民主人士,还有各解放区的代表。各解放区在解放战争中担负了重大的任务。我们还承认解放军的代表权……他们所代表的不仅是军队,而且代表他们出身的人民。"②实际上,所谓重点要突出,就是要突出最能代表人民意志的代表,人民政协首先要选择最能够体现人民政协性质的代表,而且主要也是这些代表,经过人民政协的协商,最终要体现的是广大人民的意志。

---

①　周恩来:《关于人民政协的几个问题》,载《周恩来统一战线文选》,人民出版社,1984年,第135页。

②　同上,第131页。

当然，"同时又要照顾到各个方面"，"同意建设新民主主义的中华人民共和国"的各时期、各领域、各阶层的代表都要参加进来，"各党派、各团体、各方面都照顾到了"①。因此，周恩来认为："有人批评政协名单里面什么人都有，我觉得好处就在这里。政协不是一盆清水，如果是一盆清水就没有意思了。"②同时也要强调人民政协要具有广泛的代表性。（这一部分的内容在广泛性中已有所论述，这里不再重复）

需要补充的是，代表性还有一个方面的内容，就是作为委员要"分量够"，要注意他们在社会上的影响和代表性，即要有资格代表本界别的群众。周恩来说："每个方面都有带头的著名人物，他们的人数多少，要根据各种情况决定。"③应该说，政协委员一般都是某一界别中拥有较大影响力、较高专业素养和道德修养，具有一定参政能力并能代表本界别大多数群众利益的代表人士。总体而言，人民政协组成的代表性原则有两个方面的意思：一方面是人民政协的组成能够囊括所有的阶级和阶层，能够代表全体人民，成为全国人民行使民主权利的有效途径。另一方面是其成员能够在本参加单位内有代表性，能够代表参加单位发言，反映真正参加单位群众的心声。这样不仅保证了其人民性的实质，而且保证了其参政的质量。

---

①③ 周恩来：《关于政协章程和政协全国委员会委员名单问题》，载《周恩来统一战线文选》，人民出版社，1984年，第262页。

② 同上，第261~262页。

二、界别是人民政协独特的组成形式

在严肃性、广泛性、代表性原则建立起来的人民政协的具体表现形式就是界别（界别是使用较晚的一个词，在政协成立时期，往往被称为参加单位）。界别是人民政协产生、存在和发展的组织基础，是人民政协区别于其他政治组织的显著特征。周恩来对此作出了论述。

（一）关于界别设置

周恩来在《关于新政治协商会议筹备会组织条例（草案）的解释报告》中指出："新的政治协商会议，规定是由各民主党派、各人民团体、各解放区人民政府、人民解放军、国内少数民族、海外华侨及无党派和各界民主人士代表人物所组成。简单说就是由各党、各区（各个解放区）、各军（人民解放军各路野战军）、各界、各团体赞成上述宗旨的代表人物参加组成。"[①]这里周恩来指出了政协的基本组成，并提出了参加单位的分类，他说："我们把政协代表分成四类：第一类是指党派性的；第二类是区域性的，包括已解放了的地区和有待解放的地区；第三类是人民解放军；第四类是人民团体。"[②]

由于第一届政协具有全国人大的职能和作用，所以在人大成立之后，第二届政协在参加单位上做了调整，主要是区域性代表

[①]　周恩来：《关于新政治协商会议筹备会组织条例（草案）的解释报告》，载《老一代革命家论人民政协》，中央文献出版社，1997年，第7~8页。

[②]　周恩来：《无党派民主人士的称谓和实质》，载《周恩来统一战线文选》，人民出版社，1984年，第127页。

取消了，解放军代表归于特邀类别，从而突出了职业性界别。1954年，政协章程规定："中国人民政治协商会议全国委员会由各民主党派、各人民团体推出的代表组成，有必要的时候，可以邀请个人参加"。从此，基本上形成了党派团体和职业为主要内容的界别设置，虽然具体的界别数量和名称有所变化，但是这一特色一直持续至今。人民政协的界别特色，与人大代表的区域性特征构成互补，成为发扬社会主义民主的重要形式。

（二）关于党派团体的作用

周恩来非常重视党派团体在人民政协的作用，他说：

> 政协本身是统一战线的组织，也就是党派性的联合组织。[1]党派在人民民主统一战线中起着相当重要的作用。有一种看法，认为没有他们，岂不少些麻烦？这是不对的。[2]

他还对党派的发展和建设提出了自己的意见，他说：

> 各民主党派活动要有所分工。民进在自由职业者方面开展活动较为合适。职教社提出要为劳苦大众服务，这是好的，但光提为劳苦大众服务还不够，照顾的方面要多些。民主党派的组

---

[1] 周恩来：《人民政协的五项任务》，载《老一代革命家论人民政协》，中央文献出版社，1997年，第186页。

[2] 周恩来：《发挥人民民主统一战线积极作用的几个问题》，载《周恩来统一战线文选》，人民出版社，1984年，第172页。

织也不能太严,要照顾大多数,团结大家一道前进。①

同时,提出了在人民政协正确对待党派团体的原则。他说:

党派有排他性,这在对敌斗争上是绝对必要的,对统一战
线内部暗藏的敌人和敌对阶级的思想影响,排除出去也是必要
的。但排他性不能用在合作的方面。在统一战线内部则要把各
党派的进步性集中起来,要发展它的联合性,使之成为统一的
力量,团结起来,共同对敌。如果不加区别地一律排他,就不能
取得胜利。处理好党与非党的关系就是要使联合性与排他性结
合起来,运用得当,不然的话,便会破坏统一战线。共产党在政
权中,在人民团体中,必须贯彻同样的原则,才能同党外人士团
结得好,才能带领这个队伍完成好各项任务。②

每个党派都有自己的历史,都代表各自方面的群众。有人
要求各民主党派都和共产党一样,如果都一样了,则共产党和
民主党派又何必联合呢?正因为有所不同,才需要联合。如果各
民主党派的思想作风都和共产党一样,又何必又这几个党派存
在呢?另一方面,如果只是为了广泛联合就不讲原则,凡是要求
我们承认的我们就承认,那又会涣散了统一战线。因此,既不应
该要求各民主党派都和共产党一样,又要坚持原则,区别于四

① 周恩来:《长期合作,共同建设中华人民共和国》,载《周恩来统一战线文选》,人民出版社,1984
年,第179页。

② 周恩来:《处理好人民民主统一战线中的四个关系》,载《周恩来统一战线文选》,人民出版社,
1984年,第163页。

个民主阶级以外的未经改造的分子。这样,各党派才能够紧密有力地团结起来,共同奋斗。①

(三)关于界别作用

周恩来强调政协参加单位的组织性,他认为委员是作为一个团体的代表在发挥作用,而不仅仅是个人。他说:"每个单位总是一个团体,并经过协商后才能参加。"②"统一战线的构成是集体的不是个人的,因此单位是固定的。"③"中国人民政治协商会议是统一战线组织,是各单位的集体。"④他认为这样更有利于各参加单位在政协中发挥作用,有利于人民民主的实现。他说:"我们人民民主专政的国家,现阶段是四个民主阶级的联盟,工人阶级在任何地方都可以碰到其他阶级的人,问题只是有组织与无组织罢了。事实说明,有组织比没有组织更好。我们已经把工、农、妇、青组织起来。同样,把上层政治活动分子组织起来也有必要。组织起来好处很多,便于他们学习,便于他们把各个阶级的意见反映给我们,在政治上他们也能够更好地同我们合作和配合,有些工作他们去做有时比我们更有效,在国际上也有影响。民主党派的成员在我们的帮助和教育下,愿意同我们一道进入社会主义,我们多了一批帮手,这不是很好嘛!"⑤

---

① 周恩来:《处理好人民民主统一战线中的四个关系》,载《周恩来统一战线文选》,人民出版社,1984年,第163页。

②③④ 周恩来:《关于人民政协的性质和作用问题》,载《老一代革命家论人民政协》,中央文献出版社,1997年,第42页。

⑤ 周恩来:《发挥人民民主统一战线积极作用的几个问题》,载《周恩来统一战线文选》,人民出版社,1984年,第172页。

（四）人民政协的团结作用

周恩来认为：人民政协的主要任务是团结，"团结工人阶级、农民阶级、小资产阶级、民族资产阶级以及一切爱国民主人士、国内少数民族和海外华侨，共同反对帝国主义、封建主义和官僚资本主义，建设新民主主义的中华人民共和国"[①]。周恩来指出："目前，国内的政治形势，一般地说是好的。国家建设中当前有两项重要任务：一项是政治的任务，要使国内各方面更加紧密团结；另一项是组织的任务，要大量培养国家建设的干部。"[②]

因此周恩来在思考人民政协的组成时，始终没有离开团结主题。指出，在对待资产阶级的问题上，要突出团结主题。他说：

> 假若今天的方针是搞垮资产阶级，那么，就必须修改《共同纲领》了，既不修改，那就要团结它。当然，同资产阶级有团结还要有斗争，但以团结为主，斗争是为了团结。而今天的团结，又是为了明天实现社会主义。[③]

在考虑委员的整体阵容时，也要考虑团结性。周恩来指出："整个政治协商会议的基本阵容是五百人左右，一部分特别邀请

---

① 周恩来：《关于人民政协的几个问题》，载《老一代革命家论人民政协》，中央文献出版社，1997年，第52页。

② 周恩来：《团结民族资产阶级，发展国民经济》，载《周恩来统一战线文选》，人民出版社，1984年，第234页。

③ 周恩来：《发挥人民民主统一战线积极作用的几个问题》，载《周恩来统一战线文选》，人民出版社，1984年，第167页。

的人士增加到这个基本阵容里来，更可以增强团结性。"①并指出了团结的政治基础是《共同纲领》，"今后在政治上要更加促进团结，《共同纲领》是我们团结的基础"②。"现阶段我们的纲领是《共同纲领》，是要团结民族资产阶级，以促进国民经济的发展。在团结的要求上反'五毒'，反'五毒'也是为了团结。"③

第二节　正确处理全国政协与地方政协的关系

一、地方政协的建立要坚持"因地制宜"的原则

在全国政协的筹建期间，中国共产党已经在谋划建立地方政协。1949年制定的《中国人民政治协商会议组织法》规定：在中心城市、重要地区及省会，经中国人民政协全国委员会决议，得设立中国人民政协地方委员会，为该地方各民主党派及人民团体的协商并保证实行决议的机关。周恩来在报告中解释说：

> 在全国中心城市、重要地区和省会，根据需要设立地方委员会。现在各地召开的各界代表大会，实际上就是地方的政治协商会议，也可以说就是中国人民政治协商会议的地方委员会。我们要通过这个组织来进行地方的统一战线工作……

---

① 周恩来：《无党派民主认识的称谓和实质》，载《周恩来统一战线文选》，人民出版社，1984年，第128页。

② 周恩来：《团结民族资产阶级，发展国民经济》，载《周恩来统一战线文选》，人民出版社，1984年，第234页。

③ 同上，第235页。

至于地方委员会,可以适当多开一些。①

　　我们中国人民政协会议,不仅有全国性的会议——全体会议,全国委员会,而且有地方会议,地方委员会。地方会议就是现在已经在各地区召开的各界人民代表会议,有的叫各界代表会,有的叫各界代表会议,有的叫各界人民代表会议。各地名称虽有些不同,但其性质还是一样的。②

　　地方会议与全国会议一样,"它不是普选的人民代表大会,而是推选的邀请的代表会议"。因此,在性质上"这种地方会议就是代表会议,是建议机关,是联系群众的机关。到军管时代快结束的时候,它可以逐渐地变为代行当地人民代表会议的职权(像我们这次的全体代表会议一样),可以选举那个地方的政府委员会。因此这种地方会议就应该有它的一种机构,就是选举地方委员会,如同全国全体会议选举这个全国委员会一样"③。

　　关于地方代表会议的建立,周恩来认为是中国人民政府的责任,他说:

　　　　按照我们通过的共同纲领,关于这个地方会议,我们政府有责任推广与召集。因为这正是我们政府在解放一个地区以后

_____

① 周恩来:《关于人民政协的几个问题》,载《周恩来统一战线文选》,人民出版社,1984年,第137页。

② 周恩来:《关于政协全国委员会常务委员会名单协商经过和政协全国委员会工作条例主要内容的报告》(节选),载《中国人民政协全书》(上卷),中国文史出版社,1999年,第46页。

③ 同上,第47页。

和人民联系的最好的一种组织,可以把政府决定的事情,经过这个代表会议传达到人民中间去,同时可以反映人民各方面的意见,把它集中起来。这样相互联系,可以在军管时期乃至军管结束以后,推行这个共同纲领的一切政策和政府的决议,把人民的要求集中起来成为决议。这是一种地方会议。中国人民政治协商会议的地方会议的形式就是这样。我们全国全体会议也就是这样形成的。

在此精神的指导下,1949 年冬以后,各地方各界人民代表会议纷纷召开,各地方政协也逐步组建。1951 年,周恩来总结了地方各界人民代表会议的成立情况,他说:

> 从中央人民政府成立以来,普遍地推行并不断地充实和提高各级人民代表会议的工作,就是我们一直努力进行的一项重要政治任务。现在,全国各地召开过各界人民代表会议的,已有东北大行政区,内蒙古自治区,二十七个省,八个相当于省的行署区,一百四十六个市,二千零三十八个县和一百零五个相当于县的行政单位。有三十个十万以上人口的城市已开过区人民代表会议。农村区、乡(行政村),一般地也都开了人民代表会议或农民代表会议。少数民族聚居或杂居的地区,除特殊情况外,一般均召开了人民代表会议,其中并有十五个专署区也召开了各民族的人民代表会议。①

----

① 《周恩来在政协第一届全国委员会第三次会议上的政治报告》,《人民日报》,1951年11月3日。

　　周恩来在报告中指出了地方政协的职责:在地方人民代表大会召开之前,各界人民代表会议是代行地方人民代表会议职权的组织形式,其常设机构协商委员会经全国政协批准后,同时代行人民政协地方委员会职权,地方政协和各界人民代表会议实行一体化,在人代会之后,协商委员会继续协助政府推行政策法令,协商并提出对政府工作的建议,同时兼有地方统一战线组织职能,承担统一战线工作。

　　关于地方政协的建立,周恩来提出要坚持"因地制宜"原则。周恩来认为,地方政协的建立没有必要完全依照全国政协的模式,要注意因地制宜。他说:"各地设立地方委员会要因地制宜。因为在社会主义建设和社会主义改造中,各地情况不一样,工作发展不平衡,有的地方工业发展很快,国营、合作社企业很多,私营企业就比较少,如鞍山就与上海的情况不同,因此,两地政协的组成成员和工作重点也就不同。一定要因地制宜,这样才能合乎实际,合乎政协的原则。"[1]"各界人民代表会议是解放初期人民政府联系群众、动员群众的最好方法,不应利用任何借口拒绝召开这样的会议。现在,政府对省、市、县各界人民代表会议的三个组织通则未作详密的规定,是为了便于因地制宜。现在要求详密规定是不适宜的。"[2]全国政协1954年制定章程就很好地贯彻了这一原则:"省、自治区、直辖市和市设中国人民政治协商会议

----

　　① 周恩来:《关于政协章程和政协第二届全国委员会委员名单问题》,载《周恩来统一战线文选》,人民出版社,1984年,第260页。

　　② 中共文献研究室编:《周恩来年谱》(一九四九——一九七六)上卷,中央文献出版社,1997年,第16页。

的省委员会、自治区委员会、直辖市委员会和市委员会。其他地方有必要的时候也可以设地方委员会。"①即地方委员会的设立范围，要根据各地社会关系和民族关系的实际情况和实际需要确定。

1953年，政协第一届全国委员会常务委员会关于会务的报告，总结了地方委员会的建设情况，认为地方委员会的组织和工作一般都有进步，可以分为三种情况："第一类较好，它们的工作机构较为健全，有适当数量和质量的工作干部，有一定的业务活动费，特别是当地领导方面给予了充分的重视和支持，因而建立了经常工作。它们在协助政府动员人民推动各项运动和中心工作上，在联系人民、反映和处理人民意见以及组织各界人士进行学习等工作上，均获得了相当的成绩，发挥了协商机关应有的作用。这类省、市协商机关在目前还只是少数。第二类较差，它们进行了部分工作，但不够经常，不够全面，这与当地领导方面重视不够和机构编制不充实是有密切关系的。这类省、市协商机关在目前还是多数。第三类最差，机构很不健全，干部既少又不固定；会议既不常开，开会又往往流于形式；经常活动少，甚至完全没有。这类省市协商机关虽然不多，但亟应引起各地领导方面的注意，而加以改进。应该指出，本会对于省、市协商委员会亦即地方委员会的指导和帮助，也是不够的。"②

1957年以后，政协全国委员会为了加强对地方委员会工作

①　《中国人民政协章程》，《人民日报》，1954年12月26日。

②　全国政协研究室编：《中国人民政协全书》（上卷），中国文史出版社，1999年，390页。

的指导，一度设立了在常委会领导下的地方工作委员会这个专门组织机构。地方工作委员会由主任委员一人，副主任委员若干人和委员若干人组成，人选由人民政协常务委员会决定。主任委员、副主任委员主持会务，向本会常委会报告工作。地方工作委员会设办公室，在地方工作委员会主任委员、副主任委员领导下进行工作。

二、全国政协与地方政协是指导与被指导的关系

虽然从人民政协建立之初，中央就非常重视地方政协的筹建工作，并提出要正确处理全国政协与地方政协的关系。但是，中华人民共和国成立之初，由于有些地区还没有解放，有些地区政权刚刚建立起来，各种工作秩序还没有正式形成，因此全国政协在 1950 年第一届全国委员会常务委员会工作报告中指出："我们工作中最大的缺点，在于全国委员会同地方协商机关的联系，至今没有正式建立起来……我们接到过若干地方协商委员会的来件，却未曾处理，因为这方面还缺少具体办法的规定。"①正式建立中央与地方政协的关系成为人民政协建设的重要问题。为此，周恩来在 1950 年 6 月提出，以前全国委员会与地方委员会没有建立联系，这次会议要确定从组织上联系起来。他说："联系起来有好处。现在有党的系统，有政权的系统，再加上政协的系统，这就更能反映各个方面的意见，并有利于决议的贯彻执行。"②

---

① 全国政协研究室编：《中国人民政协全书》(上卷)，中国文史出版社，1999年，387页。

② 周恩来：《人民政协全国委员会会议党组活动的方针》，载《周恩来统一战线文选》，人民出版社，1984年，第188页。

周恩来从全国委员会与地方委员会的工作性质一致的角度出发，认为地方委员会"和我们全国委员会的工作要有联系，就是上下关系"。由于工作刚刚开始，他对上下关系的内容并没有深入的阐述，只是以制定地方工作条例为例，说明地方委员会的类似工作要提到全国委员会来协商，并将处理与地方政协的关系作为全国政协非常重要的一部分工作。而在实际工作中，也反复强调，他说："这里说的上下关系是指中央与地方的关系。在今天的情况下，我们还不能完全做到集中和统一，但也不允许各自为政。我们实行的是民主集中制，不是封建割据。要既利于国家统一，又利于因地制宜，这是《共同纲领》中确定了的。""在中央的统一领导下发挥地方的积极性，才能使各方面的工作生气勃勃，否则就死气沉沉。"①要求无论是中央还是地方都应该认识到："中国地大人多，经济落后，而中央人民政府又成立不久，地方人民政府必须有一定的权力，方利于地方积极性的发扬，故共同纲领所规定的'使之既利于国家统一，又利于因地制宜'，实为解决上下级关系的出发点。必须做到中央和地方兼顾，才能作好。地方上的工作同志，一定要自觉地从全局看问题，照顾到中央的统一计划和统一政策；中央的工作同志一定要随时考虑到地方上的情况，给地方上以因地制宜的便利。许多事与地方有关的，中央的工作同志应事先征求地方负责同志意见，然后再作决定，有时即可根据地方负责同志的意见作为中央决定。许多地方

---

① 周恩来：《当前经济形势和中华人民共和国经济的几种关系》，载《周恩来选集》（下卷），人民出版社，1984年，第13页。

事与全国有关者地方上工作同志应事先向中央报告请示，与地方无关或与全国无关的重要事件，也应彼此通报，以利经验交流。这样分工负责，上下相连，既民主又集中，一切事情定可以顺利推进。"①为后来正式提出全国委员会和各级地方委员会对下级地方委员会的指导与被指导关系奠定了基础。

1950 年，政协第一届全国委员会第二次会议通过了《中国人民政治协商会议全国委员会关于地方委员会的决定》。这个决定对全国委员会和省市协商委员会的上下关系，作出了明确规定，使全国委员会同地方协商机关的关系正式建立和密切起来，同时也将全国委员会的工作更加充实和发展起来。

全国委员会对省、市协商委员会的关系是：

（1）接受并处理协商委员会的报告与建议；

（2）搜集并研究协商委员会的工作资料，并交流经验；

（3）协助协商委员会解答关于共同纲领及中央人民政府的政策法令在执行中所发生的问题；

（4）协助协商委员会加强当地各民主党派、各人民团体及各民族间的团结与合作。

省、市协商委员会对全国委员会的关系是：

（1）接受全国委员会的各种工作指示；

（2）有重点地分别报告每届人民代表会议及协商委员会开会的经过及各项决议案的实施情况；

① 《在全国政协一届二次会议上的政治报告》，载《建国以来周恩来文稿》（第二册），中央文献出版社，2008年，第505页。

（3）搜集并汇报有关政治、财经、文教、土改，以及统一战线工作的情况；

（4）汇报县、市及县以下各界人民代表会议开会经过及其工作。

在这个决定中，还明确规定：驻在各省、市的全国委员会委员，得出席各该省、市协商委员会的会议，全国委员会的每次会议，省、市协商委员会依全国委员会常务委员会之决定，派代表一至二人列席。由此可见，人民政协上下级之间在工作上存在着"指导与被指导"的软性约束关系；在决议执行纪律上存在着下级政协"遵守和实行"上级政协决议的硬性约束关系。即是说，上下级政协组织之间的关系具有双重性特征。

至此，人民政协的全国委员会及省、市、县各级协商委员会的上下关系，都有了具体规定。

1954 年，在准备召开人民政协第二届全国委员会第一次会议时，周恩来再次明确提出，人民政协要设立全国委员会和地方委员会。中央是全国委员会，地方分省、自治区、市（包括直辖市和普通市）委员会。对于它们之间的关系，周恩来说："政协全国委员会与地方委员会是指导关系。上下之间有指导和被指导、指示和接受指示、报告和接受报告的关系。"[①]将其写入 1954 年章程中，"中国人民政治协商会议全国委员会和各级地方委员会对下一级地方委员会的关系是指导关系"，今天它仍然是我们处理全国政协和地方政协的原则。全国政协和地方政协的这种关系，

①　周恩来：《关于政协章程和政协第二届全国委员会委员名单问题》，载《周恩来统一战线文选》，人民出版社，1984年，第260页。

既表明了政协各级组织的政治上的统一性，又有利于各级地方委员会因地制宜，独立负责地开展工作。上下级政协之间，就组织关系而言，没有直接的隶属关系，不存在领导关系。各级地方政协的人事安排由地方自行决定，不由全国委员会或上级地方委员会决定，上一级政协对下一级政协没有人事处置权。就工作关系而言，地方各级政协的工作由地方自行安排，不由全国委员会或上一级地方委员会规定。上一级政协对下一级政协的工作安排，没有决定权。

上下级政协之间的指导关系主要体现在：政协全国委员会对政协全国性的问题作出决议，地方委员会对政协全地区性的问题作出决议，以指导和规范全国或地方政协的工作。地方委员会对全国委员会的全国性决议，下级地方委员会对上级地方委员会的全地区性决议，都有遵守和履行的义务。政协各级组织之间的指导关系，是根据人民政协的性质和各级组织的工作实际确定的。人民政协不是行政组织，也不是单一的政党组织，因而它的各级组织之间不存在领导与被领导的关系。人民政协的各级组织受同级中共党委的领导。另一方面，由于人民政协是中国人民爱国统一战线组织和中国共产党领导的多党合作和政治协商的重要机构，各级政协的性质和职能是相同的，为了完成共同的任务，各级政协组织之间有必要保持一种密切的关系，把这种关系规定为指导关系是恰当的。全国政协对地方政协的指导，是相互之间的联系和交往中实现并逐步稳固下来的。

第三节　建立健全人民政协的组织架构与工作机制

一、政协组织机构的创建和调整要从自身的需要出发

人民政协的组织机构是在周恩来直接领导下建立的。他在新政协筹备会常务委员会第四次会议上提出，应将全国政协的工作机构分为三层，他说："这个组织的形式有：全体会议、全国委员会和常务委员会。全国委员会会期长一些，常务委员会是经常协商的机构。中国人民政治协商会议是统一战线组织，由全体会议产生全国委员会，全国委员会再推举常务委员会。"①

具体说来：第一层是全体会议，由各党派、各人民团体、各地区、人民解放军、各少数民族及其他爱国民主人士的代表组成，是当时执行全国人民代表大会职权的国家权力机关。它的职权是：制定或修改人民政协组织法；制定或修改共同纲领；在普选的全国人民代表大会召开以前，执行全国人民代表大会的职权；制定或修改中国人民政府组织法，选举中央人民政府委员会，并付之以行使国家权力的职权，就有关全国人民民主革命或国家建设事业的根本大计或重要措施，向中央人民政府提出决议案。在普选的全国人民代表大会召开以后，就有关国家建设事业的根本大计或重要措施，向全国人大或中央人民政府提出建议案，选举中国人民政协全国委员会。

第二层是全国委员会，由全体会议选举产生，由常务委员会

---

① 马永顺：《周恩来与人民政协》，中国文史出版社，2004年，第54页。

每半年召集一次全国委员会会议。其职权主要有：一是统战工作方面，包括实行政协决议，协商处理政协内部合作事项，指导地方统一战线工作；二是对政府工作方面，包括协商并提出对中央政府的建议案，协助政府动员人民参加民主革命和国家建设；三是协商人事，包括协商并提出参加政协的各单位在人大代表选举中的候选名单，协商决定政协参加单位与人选。

第三层是常务委员会，由全国委员会选举产生，主要任务是负责召集全国委员会会议并主持日常会务。

随着人民政协代行国家权力机关职能的结束，第二届政协经过政党协商，根据当时的实际情况和需要，将原来的三层改为全国委员会全体会议和常务委员会两层。1954年10月，周恩来代表中共中央向人民政协第一届全国委员会常务委员会第六十一次会议提出协商这个问题的时候作了如下阐述："组织形式，过去有三层，即全体会议、全国委员会、常务委员会。三层太复杂，开会很不方便，特别是现在有很多人都兼全国人民代表大会的代表，决不能叫他们刚开了代表大会又来开政协的会议。三层的全体会议开了就散，不如两层，开过会还是委员。我们的意思是两层，即全国委员会和常务委员会。"①

1954年12月，周恩来在常委会第六十二次会议上总结讲话中说："经过一个月同各方面的反复协商的结果，大家同意将原来的政协全体会议、全国委员会、常务委员会三层，改为全国委员会全体会议和常务委员会两层。地方委员会也是两层，即地方

---

①　马永顺：《周恩来与人民政协》，中国文史出版社，2004年，第57页。

委员会全体会议和常务委员会。这样减少了不必要的层次，又可以扩大全国委员会和地方委员会的名额，有利于保持广泛的代表性，扩大团结面"。"在全国委员会闭会期间，由常委会主持会务，领导日常工作，集中处理一般事情，这样更便于开展活动。"[①]此后，历届政协机构都按照这个规定设置。

全国委员会全体会议是政协的最高机关。它根据政协章程规定，就有关国家政治生活和人民民主统一战线的重要事项开展协商工作。在正常时期特别是新时期全体会议每年召开一次。在全体会议休会期间，政协全委会设常委会主持会务，处理日常工作。政协常委会由政协全国委员会的主席、副主席若干人、秘书长和常务委员若干人组成。其任务是对提交人民政协协商研究的国家政策、法令和重要措施进行讨论，提出意见；对国家的政策、法令及社会主义建设的计划和成就，进行宣传教育；对重大的时事政治问题，进行讨论、研究；密切联系群众，广泛了解情况，发现问题，认真进行分析研究，并可以提出意见或者建议；根据规定的委员视察制度，结合各组业务，有计划有目的地进行视察，必要的时候可以随时组织专题调查；研究大会闭会后交办的提案和发言，提出初步处理意见。

人民政协实行的是委员会制，因此周恩来在机构设置上，充分体现了委员会制的特点和优势。委员会制同行政首长负责制的区别，就在于它是一种集体领导的制度，是一种各成员权利平

---

① 周恩来：《关于政协章程和政协第二届全国委员会委员名单问题》，载《中国人民政协全书》，中国文史出版社，1999年，第59页。

等、民主议事的制度，是一种能够充分发挥议事和整合功能的民主机制。在委员会的运作中，不仅每个委员都有发表意见的权利，而且把充分表达、商议作为其运行的基本要求。在这种制度下，各种见解都能充分发表，不同的主张也允许存在；重大事项必须经过一定的民主程序，不能少数人说了算。委员会制的这种特点，使得它在整合民意、集中智慧、协调利益等方面，有着十分明显和独特的优越性。政协常务委员会实行的委员会制，是有中国特色的社会主义民主在统一战线组织中的一种具体实现形式。它既遵循了委员会制的一般原则，也体现了人民政协的优势和作用。政协常委会作为主持全国政协委员会工作的机构，尤其强调民主精神，强调各方面代表人士间的求同存异，强调尊重多数人共同意愿和照顾少数人合理要求的统一。

二、政协工作机构的设置和完善要坚持灵活性原则，保证政协工作分门别类进行

1949 年 10 月 9 日，中国人民政治协商会议第一届全国委员会第一次会议上，周恩来在说明全国委员会工作条例主要内容的报告中，对全国委员会的日常工作和组织机构设置进行了全面论述，提出了具体设想。他说：

> 为使全国委员会不仅在定期开会期间可以讨论重大问题，而更重要的是在平时如何推动工作，实现中国人民政治协商会议组织法第十三条规定的七项任务，这就要在平时有准备，到全国委员会开定期会议的时候，才能有更好的议案提出，成立

政协,所以主要是在日常的工作。①

周恩来认为可以将人民政协的日常工作分成两类:即政策性工作和组织性工作。

政策性工作有三个方面,包括:一是,政府提交到政协全国委员会需要协商的内容。政府方面在推行政务当中发现有重大问题、重要措施需要经过各党派、各团体协商的,那么政府的各部门或中央人民政府委员会提出意见,交到全国委员会常务委员会来协议。二是,政协认为需要协商的内容。全国委员会本身,每个委员提议,或常务委员会觉得某种重要措施、重大问题需要成为决议送给政府采纳实行,可以由全国委员会常务委员会自己制成决议,提交政府。三是,党派团体甚或人民群众认为需要协商的内容,即人民中间,或各人民团体、各党派的下层组织,他们觉得有些问题,提交到我们全国委员会常务委员会来协议,觉得可以作为决议的就交到政府采纳实行。

组织性工作有两个方面,"因为全国委员会是各党派、团体协议的机关,它本身有工作,并且下层还有地方会议、地方委员会,也会有若干工作需要到全国委员会常务委员会来协议,各党派相互关系也要到常委会来协议。所以组织性的工作,有它本身的,有各党派相互关系,还有上下关系"。因此,一方面是处理"相互关系"。这里不仅是处理现在的参加单位的关系,"可以设想将

---

① 周恩来:《关于政协全国委员会常务委员名单协商经过和政协全国委员会工作条例主要内容的报告》,载《中国人民政协全书》,中国文史出版社,1999年,第46页。

来也需要有些新的团体成立。当然法律手续上是要向政府有关机关登记，但是还会有些团体需要经过协议，需要不需要，可以通过全国委员会常委会来协商。就是已经参加政协全体会议的党派，觉得不需要这样的，会有合并的，需要相互协商，我们全国委员会也可以协商。也还有彼此之间的关系，分工问题，也有关于各党派的一些要求，解决一些困难，各党派将来的活动、经费等这些问题，都可以提到全国委员会常务委员会来协议。这样的相互关系，可以设想很多，过去在筹备期中就解决了若干这样性质的问题，今后这样的工作或会更加多"。一方面还要处理"上下关系"，主要是指处理全国政协与地方政协关系的相关工作。①（由于上一节已经详细阐述了全国政协与地方政协的关系及相关工作，这里不再详述）

为了使这些工作能够分门别类地进行，同时保持政协工作的经常性，周恩来建议成立八个工作组。他说：

我们设想这个工作小组有政治法律组、财政经济组、文化教育组、外交组、国防组、民族事务组、华侨事务组、宗教事务组，这样八个组。

并就把八个小组如何工作提出了自己的看法：

我们想提出这样的办法，就是全国委员会每一个委员都得

① 周恩来：《关于政协全国委员会常务委员名单协商经过和政协全国委员会工作条例主要内容的报告》，载《中国人民政协全书》，中国文史出版社，1999年，第46~47页。

参加一组或一组以上来进行工作。当然也许有人工作极忙,无暇参加,或者远在外地,工作很忙,不能参加,那是少数的,但一般的每个委员都得参加一组或一组以上进行工作。在北京的可以经常开会,看材料,研究问题,讨论问题,经过审议成为意见,提到常务委员会审核,提到政府去;或者是政府交来意见书或者人民交来的意见书,可以首先经过小组酝酿商讨,然后再提到常务委员会……在北京的人是多数,有不少位可以专门担任小组的工作。小组里可以经常有几位委员办事,使我们的工作有一个经常性,使全国委员会工作也有经常性。①

周恩来的这些建议,经过政协第一届全国委员会举行的常务委员会第一次会议通过,并任命了八个工作组的负责人。工作组的具体工作是对交工作组协商研究的国家政策、法令和重要措施进行讨论,提出意见;对国家的政策、法令以及社会主义建设的计划和成就,进行宣传教育;对重大的时事政治问题,进行讨论、研究;密切联系群众,广泛了解情况,发现问题,认真进行分析研究,并可以提出意见或者建议;根据规定的委员视察制度,结合各组业务,有计划有目的地进行视察,必要的时候可以随时组织专题调查;研究大会闭会后交办的提案和发言,提出初步处理意见。各工作组的工作都要由工作会议负责计划进行。工作会议于 1950 年 3 月成立,由秘书长、副秘书长、各工作组组长、秘

---

① 周恩来:《关于政协全国委员会常务委员名单协商经过和政协全国委员会工作条例主要内容的报告》,载《中国人民政协全书》,中国文史出版社,1999年,第48页。

书处正副处长及其他有关专职人员组成，由秘书长主持，每周举行一次会议，执行全委会和常委会的决议，讨论和决定全委会日常工作中的问题，并就统一战线内部事务进行初步协商。此外还设立了秘书处，作为全国委员会的办事机构。这样全国政协工作机构的框架就基本建立，为以后的逐步完善发展奠定了基础。

工作组的设置并不是固定不变的。随着国家经济社会发展的情况，人民政协工作重点的变化，工作组的设置也是不断变化的。第一届政协设政治法律、财政经济、文化教育、外交、国防、民族事务、华侨事务和宗教事务 8 个工作组；另设学习座谈会、干事会、文化俱乐部、政协全国委员会会刊编辑委员会。第二届政协设国际问题、工商、文化、教育、科学技术、社会福利、华侨、宗教、医药卫生、民族、妇女、学习委员会、地方工作委员会和政协全国委员会会刊编辑委员会 14 个工作组（委）。从 1959 年 5 月第三届政协常委会第一次会议开始，加强各工作组之间以及工作组和政府部门之间的联系，增设了政协联络委员会；另外还设立文史资料研究委员会，把文化组和教育组合并，撤销社会福利组。1965 年 11 月 20 日以后，按照《中国人民政治协商会议全国委员会工作组组织简则试行草案》，调整为国际问题、文化教育、科学技术、医药卫生、工商、民族、华侨、宗教、妇女 9 个工作组。第四届政协撤销地方工作委员会、联络委员会、政协全国委员会会刊编辑委员会，工作组（委）减少为 12 个。第五届政协工作组（委）又增加到 18 个：文化组和教育组分开，另设法制组、对台宣传组、经济建设组、城市建设组、体育组和农业组。第六届政协把秘书处改为办公厅（以后保持不变），工作组（15 个）委（3 个）总数保持 18 个,但有较大调整:国际问题组改为国际问题研究组,撤销城市建设组和对台宣传组,设立祖国统一工作组、外事工作组、提案工作委员会。从第七届政协开始,工作组(委)名称统一改为专门委员会。

即使是同一领域的工作组,在不同历史时期,因为工作重点的不同,在工作组的设置和名称上也有变化。例如,周恩来非常重视国际问题,希望政协对这方面能够经常进行些研究,提出意见和建议。所以,在人民政协全国委员会设立日常工作机构时,他提出要设立外交组。外交组成立后,在第一届政协期间曾根据国际形势的变化和发生的事件,进行过多次研究讨论。1954 年 12 月,政协第二届全国委员会第一次会议召开。周恩来在政治报告中阐述政协任务时,提出的第一项任务就是"协商国际问题"。为此,政协全国委员会在设置工作机构时,将外交组改为国际问题组。这样研究座谈讨论的问题面就更宽了。1956 年,国际问题组向周恩来请示报告。国际问题组所进行的工作,仅限于对国际问题的研究探讨,缺少国际活动的实际参与,希望加强这方面的工作。周恩来批准了这一报告。此后,国际问题组在政协全国委员会接待国际友人的活动中,配合有关部门做了很多工作。根据这些工作,第六届政协又将国际问题组改成国际问题研究组和外事组。

工作组作为人民政协组织委员,开展基础性、经常性工作的组织机构,是人民政协探索人民政协机构设置的最初形式,对人民政协履行职能、发挥作用起到了非常重要的作用。

三、政协机关的工作方式和工作内容要体现政协的特点和优势

周恩来在政协机关的工作内容和工作方式上同样进行了开创性探索，为政协机关工作的顺利开展奠定了基础。

（一）创造"双周座谈会"，加强各党派间的联系

双周座谈会是很正规的党派之间的协商形式。中华人民共和国成立初，为加强中共与民主党派间的联系，周恩来在与党派负责人谈话时提议由民主党派共同发起。1950 年 3 月 14 日，第一届政协全国委员会工作会议第一次会议决定："举行各民主党派座谈会，每两周一次"，会议由中共和各民主党派轮流主持，参加人员由各党派机关推荐，同时为了便于工作，双周座谈会成立了主席团。1950 年 9 月 21 日正式通过了《双周座谈会暂行组织办法》。1955 年 4 月 15 日举行的政协第二届全国委员会常务委员会第五次会议决定，双周座谈会改为不定期举行，由秘书长根据情况召集。座谈会的内容为：听取政府各部门的工作报告；座谈时事政治；协商有关单位提出的问题和由政协全国委员会工作会议提出的问题。座谈会的目的是为了沟通思想，就中国共产党制定的方针政策，共产党与各民主党派、各人民团体的关系，统一战线工作以及国内外时事政治等问题交换意见。座谈会的参加者分为当然参加、自愿参加和临时邀请参加三种。中国共产党、中国国民党革命委员会、中国民主同盟、无党派民主人士、中国民主建国会、中国民主促进会、农工党、致公党、九三学社、台湾民主自治同盟、中国新民主主义青年团和人民团体所推派的

代表为当然参加者。政协全国委员会主席、副主席、各工作组正副组长；中央人民政府主席、副主席、秘书长、委员及办公厅正副主任；政务院、军事委员会、最高人民法院、最高人民检察署的正副首长；政务院所属四个委员会的正副首长和部、会、院、署、行的首长；政务院秘书长、副秘书长、政务委员为自愿参加者。临时来京的各大行政区及省市人民政府正副首长，地方协商委员会的正副主席为临时邀请参加者。

双周座谈会从 1950 年 4 月 20 日开始召开第一次会议，1958 年以后一度停顿，1960 年 2 月 18 日重新召开，到 1966 年 7 月停止活动。双周座谈会作为一种正规的党派间的协商形式，无论是在制度设计上还是在实际工作中，都很好地坚持了周恩来一向提倡的党派间平等议事的原则，体现了人民政协作为最广泛的统一战线组织的作用。虽然这种形式由于种种历史原因，没能保持下来，但是它所秉承的处理党派间关系的原则，在人民政协后来建立的各种组织机构中坚持了下来。

（二）创建"学习座谈会"和"中央社会主义学院"，开展政协学习工作

从人民政协成立之初，周恩来就将学习作为人民政协的重要工作之一。1950 年 4 月 27 日，成立了"政协全国委员会学习座谈会"，并通过了《政协全国委员会学习座谈会学习暂行办法》，规定了学习座谈会开展学习的内容、方式、目的和参加人员的范围等内容。《政协全国委员会学习座谈会学习暂行办法》规定：学习内容为马列主义和毛泽东思想；学习方式以自学为主，同时与小组讨论及报告相结合；学习方法，通过自由思考、相互帮助，力

求领会马列主义理论和毛泽东思想的真意，同时着重联系中国实际与政治实际，以及参加者个人的经验与工作。讨论时做到自由发言，互相辩论。参加学习座谈会的范围为各民主党派、各人民团体、全国委员会、中央人民政府及政务院五个方面的高级人员。这些高级人员，均依自愿原则，如不愿参加学习座谈会而愿意依据学习座谈会计划自学者，也可享受各种必要的帮助。当时，上述五个方面参加学习座谈会的高级人士，编为六个组。学习座谈会，由9人组成的学习干事会为工作机构。

周恩来在学习座谈会成立会议上的讲话中，谈了学习的目的和方法。他说："我们学习理论的目的是要联系实际，解决问题。要防止学习上的教条主义和经验主义，最好的办法就是进行批评与自我批评，把理论和实际结合起来。和什么实际结合呢？最好是与自己的实际来结合。自己的缺点和错误，只有经过自己检讨以后，才能深刻地认识和改正；但在检讨时，应该注意大问题——路线、方针、政策等。要做到这一点，就必须掌握马列主义的武器。主要是自我学习、自我检讨，其次才是互相批评，这样才能把学习搞得更生动。"

周恩来在解释学习任务时，特别强调了自愿原则，他说：学习马列主义和努力思想改造。我们应该说，学习是自愿的，不应强制……学习不等于信仰，学习马列主义与宗教信仰自由并存，不然，在我们政协的学习成员中就有宗教界，有的少数民族有信仰的，是不是就发生矛盾了呢？这并不矛盾，学习不等于信仰，同时,又是自愿的思想改造。①

政协全国委员会不仅创办了学习座谈会,将学习作为经常性工作来开展。同时,为了适应高级民主人士和高级知识分子系统学习理论的需要,政协全国委员会还决定创办社会主义学院,毛泽东为学院命名,周恩来对学制、课程、教学形式、组织机构和校舍等审定批准。学院吸收和中央高级党校学员的职务或级别大体相当的民主人士(包括中央的和地方的)分期分批入学。1956年7月7日,常务委员会举行的第二十五会议上,通过了《关于社会主义学院学习方法的规定》和《关于社会主义学院学员条件的暂行规定》。

《学习方法的规定》中指出:应该采取自由、自愿、自觉的原则。除必要讲授外,要着重自由研究、民主讨论,提倡独立思考,着重理解,着重学习分析问题;提倡人尽其言、言尽其意,在学术上允许各种见解的存在和争辩。反对教条主义和形式主义的学习方法,反对把人们的思想束缚在一条绳子上面,务必使每一个学员在这里学习的时候情绪是轻松愉快的,所求得的马列主义真理的知识和觉悟的提高是自觉自愿的努力钻研,然后自然地获得的。在教学行政上规定:入学和结业时不考试和测试;不填调查登记表,只填写姓名、性别等基本情况;不审查历史,不检查思想;结业时写不写学习心得或写的字数多少,皆依个人自愿。

《学员条件的暂行规定》中指出:凡属本规定所列举的职务范围的各民主党派、无党派和各方面的民主人士,有相当文化程

---

① 马永顺:《周恩来与人民政协》,中国文史出版社,2004年,第224页。

度、身体健康，而在职务上允许离职一年学习的，根据本人自愿，可以申请进入社会主义学院学习。

同时国务院也发出通知，提出让党外民主人士更自由灵活地选择学习方式的要求：①在中央国家机关任职的民主人士，其职务属于司局级以上或工资级别相当于局级以上的高级干部，都可以提出要求短期离职学习。②参加短期离职学习的民主人士，可以自愿选择社会主义学院的课程，进行自修。③不具备参加离职学习条件的民主人士，可以听凭他们自己决定参加所在机关组织的高、中级组理论学习，或者参加政协全国委员会组织的学习，或者独立自修。

政协全国委员会的社会主义学院创办后，各省、自治区、直辖市先后也办起社会主义学院或政治学院。为区别中央与地方社会主义学院，周恩来于 1961 年 7 月批准加上"中央"两字，全称中央社会主义学院。

可以说，人民政协的学习有它独特的优点。它完全建立在自觉自愿的基础上，把各界人士最广泛地组织起来，通过各种形式，自我学习马列主义、时事政策，自我教育，改造思想，不断提高思想认识，从而把各界人士团结在中国共产党和人民政府的周围，共同进行社会主义革命和建设。而以上两种方式充分地体现了人民政协学习的这种特点。

（三）发挥人民政协人才优势，开展文史资料工作

人民政协的文史资料工作是周恩来担任政协全国委员会主席期间倡导并开展起来的。1959 年，周恩来在招待 60 岁以上全国政协委员的茶话会上指出收集文史资料的必要性，他说：

我们都是过六十岁的人了,至少是戊戌年出生的。戊戌以来是中国社会变动极大的时期,有关这个时期的历史资料要从各方面记载下来。在座的都经历过四个朝代:清朝、北洋军阀政府、国民党政府和中华人民共和国。中华人民共和国成立以前的史料很值得收集。时间过得很快,开国至今已经十年了,如果不抓紧,有些史料就收集不到了。五四运动距今才四十年,那时候的事情现在的青年们已经不大了解了,对甲午战争、戊戌变法的情况他们就更不熟悉了。现在当然首先要研究现实问题,反映新的情况,但对过去的东西也需要研究,新的东西总是从旧的基础上发展起来的。①

周恩来同时指出政协文史资料工作的内容:

过去编的府志、县志,保留了许多有用的史料。收集旧社会的典型事迹也很有价值,如近百年来有代表性的人物、家庭和家族的情况就值得研究,看看他们是如何产生、发展和衰亡的。那些典型人物,他们所代表的那个社会虽然灭亡了,有的人也死亡了,但事迹可以作为史料记载下来。我国大小凉山有过半奴隶制,现在已经进行了民主改革。西藏是农奴制,再过几年也是要改革的。有些东西不赶快记载下来就会消失。从最落后的到最先进的都要记载下来。②

①② 中共中央统一战线工作部、中共中央文献研究室编:《周恩来统一战线文选》,人民出版社,1984年,第393页。

写东西不一定只限于文化史。在座的有搞军事的,可以写军事史,如从八旗、绿营、湘军、新军一直到国民党军队的发展史,都可以写。在座的还有不少工商业者,可以写我国资本主义的发展史,也可以写其中一个行业,如银行、纺织业等。其他如政治史、经济史、外交史也都可以写。①

对文史资料工作的开展提出了具体的要求:首先,要有暴露旧历史的勇气,"要勇于暴露旧的东西,五四时代就提倡叛逆精神。一个人的转变不是偶然的……暴露旧的东西,使后人知道老根子,这样就不会割断历史。人们都赞扬我国的古代文化,其中就包括很丰富的历史记载,不仅有正史,还有野史、笔记等。汉文在这方面起了很大作用。我们要把自己所掌握的历史遗产贡献出来"②。其次,要有谨慎、从容的态度,他说:"具体做法上要从容一点,不要像青年那样,喜欢放'卫星',也不要规定一个月写多少字,有精力的时候可以多做些。收集史料的工作一定要从容一点。"③再次,要端正收集文史资料的目的,他强调说:"我们收集文史资料,就是要我们的同辈把遭遇写出来。研究文史资料要有个方向,用历史知识教育启发后代。正面反面都要很好分析,不要以为选辑就完事。希望新的委员和办公室的同志有所改革,要对问题进行分析,争论一番,一分为二,对的、不对的,对后代有教育。不要只给老人放在床头,睡不着觉看看。我看许多人看这

①　中共中央统一战线工作部、中共中央文献研究室编:《周恩来统一战线文选》,人民出版社,1984年,第393~394页。

②③　同上,第394页。

东西近于消遣,这不利。我总想从里面得到点东西,如熊希龄的事,我看后就记得很清楚,用反面的政治史料提醒我们。文史资料对研究历史、教育青年有好处。总之,希望你们革命化"。并指出,如果偏离了这个目的,那么历史研究资料就成了废纸,他说:"(文史资料)两个前途:一为历史研究的资料;一为废纸。这是文史资料的两种前途,两种命运。"①

人民政协的文史资料工作具有鲜明的统一战线特色,它反映了组成政协的单位和个人亲历、亲见、亲闻的历史人物和历史事件,多方位反映了我们的历史,以及不同阶级、阶层人士对这些历史人物、历史事件的理解,既有利于辨清历史,也利于理解社会,团结各阶级、各阶层的人民。

(四)提案是人民政协开展工作的特殊形式

提案工作是人民政协最基本的重要工作之一。是指政协的参加单位和委员向政协全体会议或常务委员会提出的,经提案委员会审查立案后交付有关单位办理的书面意见和建议。政协提案是政协参加单位和委员的特有的一项民主权利。最初政协提案叫"代表提案",是中国人民政协第一届全体会议中代表对于国家政治、经济、文化等各方面以提出书面建议和批评的一种形式。从人民政协成立至今,这种形式一直是人民政协开展工作,履行职能的一种重要方式。政协提案有"三不限制"原则,即委员提出提案的时间不限、内容不限、人数不限,就是说委员可以随时通过提案的形式反映自己的意见和建议。这个原则,并不

---

① 马永顺:《周恩来与人民政协》,文史出版社,2004年,第243页。

是在人民政协成立之初制定的，而是在实际工作中，在周恩来的指示下，逐渐形成的。

周恩来对于委员提案很重视，他在政协的会议上多次强调委员提案的重要性，他说："要允许不同的意见在大会上讨论。讨论的结果，几个人可以商量，产生提案，有些提案可以变成决议案"。"提案审查委员会，每次会议都要设立，大会的第一天就要通过。现在提出的 25 位了解各方面情况的名单，要由会议通过。这是件苦差事，每件提案都要看，都要审查。"①

1960 年 3 月，周恩来针对政协参加单位和委员只能在政协全体会议期间提出提案的情况作出指示。他说："提案有个截止日期便于审查，截止日期以后如果还有提案，还可交常务委员会处理。"②即大会之后的提案，要由常务委员会来处理。周恩来这一指示，进一步给委员提案打开了方便之门。委员还可以在会议闭幕以后继续提出提案，交有关部门得到处理，不能因为有截止日期，限制确实重要的提案提出。这样也就使委员们有平时运用提案充分发挥作用的机会，提案提出的时间不再受限制。全国政协六届二次会议决定，将只有全体会议期间受理提案的提案审查委员会改为常设的提案工作委员会，大会之后的提案由专门委员会来处理。

在政协成立之初，不仅是提交提案的时间有限制，提交提案的人数也是有限制的，中国人民政治协商会议第一届全体会议，根据会议议事规则规定，须"有代表三人之连署"方可提出提案。

---

①② 马永顺:《周恩来与人民政协》,中国文史出版社,2004年,第204页。

这次全体会议由于执行全国人民代表大会职权，提出 14 件提案，其中交付新成立的中央人民政府处理的 13 件，全部得到实施和采纳。第一届全国委员会第一次会议因为是在第一届全体会议结束后紧接着召开的，主要是选举主席、副主席、秘书长和常务委员，所以没有设提案议程。第一届全国委员会第二次会议，会议议事规则规定，"须有委员二人以上之副署"方可提出提案。1951 年 10 月，政协第一届全国委员会常务委员会第二十八次会议、第二十九次会议，决定第一届全国委员会第三次会议委员提案不须副署。自从这次会议以后，各次大会委员提提案都不再找其他人副署了。实际上这个决定是进一步充分发扬民主的一种措施，大大方便了每一位委员可以自由地提出提案。而联名提案则成为重要提案的形式。

对于提案的办理，1962 年 4 月周恩来在第三届全国委员会第三次会议上的讲话中指出：对于提出的许多意见和提案"党和政府机关是否真正采纳？提案审查委员会提出来的审查意见，交到有关机关去，它是否做？我想，应该观察一个时期。比如昨天胡先骕先生的讲话，我当时就把他的讲话稿送到科学技术委员会去了，请聂荣臻副总理去研究办理。我也要保留一点意见，也要看一个时期，晓得科委是否真正研究照办呀！所以，不仅是发言人本身要看看，就是我们主持事务的人也要看看。当然，不是所有的意见都能够马上做的，有的还要斟酌，有的还要准备条件，但都要认真研究"[1]。他还提出提案办理的重要性，指出有关单位

---

[1] 周恩来：《我国人民民主统一战线的新发展》，载《周恩来统一战线文选》，人民出版社，1984 年，第434页。

要认真研究政协的提案，要在一定的时期内看到提案办理的情况，同时委员也要认真追踪承办单位的落实情况。

周恩来在这次讲话中，还特别提出政协委员要到农村和城市去进行调查研究工作，要保证提案内容有现实的基础。他认为："这样，我们的座谈会、报告会就有生动的事例来讨论，就能够产生一些提案、意见和建议，使得各方面的力量都动员起来。"①

提案是人民政协履行职能的重要方式，这种工作形式的创建及不断完善，反映了周恩来对实现中国共产党和国家机关发扬民主途径的不懈探索。

---

① 周恩来：《我国人民民主统一战线的新发展》，载《周恩来统一战线文选》，人民出版社，1984年，第435页。

第六章

周恩来关于坚持共产党
对人民政协领导的观点

中国共产党是当代中国的领导核心，其对政协的领导是体现领导核心地位，实现领导核心作用的重要方面。坚持中国共产党的领导，是人民政协事业始终沿着正确方向前进的根本保证，也是人民政协开展工作必须遵循的一项根本原则。在党对人民政协领导关系的形成和发展过程中，作为党的第一代领导集体主要成员之一的周恩来领导参与了很多重要活动，提出并论述了许多重要思想。这些思想特别值得认真总结，以利于更好地处理中国共产党与各民主党派和其他民主人士的关系，进一步推进当前的人民政协工作。

第一节　坚持党对人民政协领导的必然性

回溯历史，党对人民政协的领导起源于中华人民共和国成立前党领导的民主联合阵线、抗日民族统一战线、人民民主统一战线。在不同时期统一战线的发展过程中，最终形成了党对人民政协的领导关系。在这一过程中,周恩来的相关思想和活动发挥了极其重要的作用。在领导革命的过程中,经过长时间的实践和对正反两方面经验教训的总结，周恩来较为全面地论述了共产党领导的必然性。周恩来指出:"人民民主统一战线毫无疑问是以共产党、工人阶级为领导的、工农联盟为基础的、还有各民主党派、各民主阶级、各人民团体、各民族以及各地区代表、解放军、海外华侨、爱国民主人士参加的统一战线。"①

一、领导权问题是统一战线中最集中的一个问题

人民政协是中国人民爱国统一战线的组织，是中国共产党领导的多党合作和政治协商的重要机构。统一战线是一定历史时期不同阶级、阶层或政治派别之间为了实现共同目标而结成的政治联盟。在马克思主义产生和国际共产主义运动出现之后,统一战线得到长期、广泛、深入地运用和发展,并形成了一整套科学理论和政策。中国共产党将统一战线作为中国革命取得胜利的三大法宝之一,历来非常重视统一战线工作,非常重视取得和保持统一战线的领导权。在中国共产党领导的长期革命和建设过程中，作为党的主要领导成员的周恩来领导和组织了大量创建人民民主统一战线的工作，并且非常重视党在统一战线中的领导权问题。在党的七大上,周恩来作了《论统一战线》的发言。他明确提出:"领导权的问题,是统一战线中最集中的一个问

---

① 周恩来:《关于人民民主统一战线的性质》,载《人民政协重要文献选编》(上),中央文献出版社,中国文史出版社,2009 年,第 264 页。

题。"①之所以作出这样一个论断,主要是周恩来基于对统一战线领导权的重要性的认识。

首先,从理论上说,自从马克思主义诞生以来,马克思主义经典作家就非常关注组织无产阶级的革命同盟军、建立统一战线、保持无产阶级在统一战线中的领导权的问题。马克思、恩格斯认为,无产阶级在革命进程中一方面要努力同其他革命的阶级和力量结成同盟,团结一切可以团结的力量,尽可能地孤立和打击主要敌人;另一方面又要时刻注意争取和保持无产阶级对统一战线的领导权,不允许这个领导权被其他阶级或阶层篡夺。这两个方面相结合,才能保证取得胜利。列宁继承和发展了马克思、恩格斯的统一战线思想,明确指出,"无产阶级的领导权是民主革命彻底胜利以及统一战线取得成功的决定性条件和根本保证"。马克思主义经典作家的这些论述,深刻论证了无产阶级争取和保持在统一战线中的领导权的重要意义。作为党的重要领导人,周恩来显然受到这些思想的深刻启发,对党在统一战线中的领导权保持着高度的警惕性。

其次,从实践上说,周恩来对领导权问题的强调,也是对党在统一战线领导权问题上经验教训的总结。党在领导新民主主义革命过程中,在统一战线上犯的"左"倾或者右倾错误,说到底都是在领导权上犯的错误。周恩来指出:"'左'的观点是天天讲区别,不去和人家共同行动,急于搞社会主义"②;右的错误是受

---

① 周恩来:《论统一战线》,载《周恩来选集》(上卷),人民出版社,1980年,第220页。

② 同上,第215页。

了大资产阶级的影响,"把大资产阶级大地主的主张当作自己的主张提出来了"①。"我们党在历史上几个时期的许多成功,都是因为执行了毛泽东同志关于领导权问题的思想和路线。'左'右倾机会主义在领导权问题上翻的跟头最厉害。"②可以说,正是基于对领导权问题的深刻认识,周恩来才极为重视党在统一战线中的领导权问题,才提出了上述著名论断。

二、无产阶级是应当领导别的阶级的

在《论统一战线》的发言中,周恩来指出:"无产阶级比别的阶级先进,是应当领导别的阶级的。"这就明确地指出了中国无产阶级的先锋队——中国共产党在统一战线中的地位,即中国共产党应当建立自己的统一战线,并领导这个统一战线。周恩来提出这一论断的前提是充分的,即基于无产阶级在社会各阶级中的先进性。早在 1925 年,毛泽东就对中国社会各阶级的状况进行了精辟分析,指出在半殖民地半封建的中国,"工业无产阶级人数虽不多,却是中国新的生产力的代表者,是近代中国最进步的阶级,做了革命运动的领导力量",他们所以能如此,第一个原因是集中,第二个原因是经济地位低下,"所以他们特别能战斗"。③在《论统一战线》的发言中,周恩来运用马克思主义的阶级分析方法,对党领导的统一战线的敌人、队伍和领导权三大问题进行了深入细致的分析。具体而言,周恩来从两个方面论证了在

---

① 周恩来:《论统一战线》,载《周恩来选集》(上卷),人民出版社,1980年,第216页。

② 同上,第218页。

③ 毛泽东:《中国社会各阶级的分析》,载《毛泽东选集》(第1卷),人民出版社,1991年,第8页。

统一战线中无产阶级应当领导别的阶级。

首先,周恩来指出,在新民主主义统一战线队伍里,成分是很复杂的,这就需要一个先进的阶级及其领导力量去统一和领导这个统一战线。对此,周恩来说:新民主主义统一战线的队伍,"有无产阶级,有农民,有小资产阶级,有自由资产阶级,甚至有时有些大地主、大资产阶级也来参加,所以这个队伍很大,很复杂,力量不平衡,不容易统一。对这样一个队伍要弄得很清楚,要会分析,懂得怎么争取队伍的大多数,反对这个队伍中和我们争领导权的少数人,同他们斗争。不懂得这一点就要犯错误。"[1]

其次,无产阶级的领导地位也是对敌斗争的需要。新民主主义革命的敌人是帝国主义、封建势力。然而它们又不是铁板一块、一成不变的,实际上它们是分为不同的派别和集团的,内部也常常不一致,是不断发生着变化的。所以在对敌斗争方面,就需要有一个先进的阶级及其领导力量领导着新民主主义的统一战线,去分化、瓦解敌对势力,去与敌对势力作斗争。在这方面,只有最有战斗力的无产阶级才能担当这一重任。

三、无产阶级要去争取领导权

无产阶级虽然比别的阶级先进,是应当领导别的阶级的,"但无产阶级也不是天然的司令官,不是从农民一直到大资产阶级都公推你、公认你为司令官"[2]。因此,无产阶级要去争取领导

---

① 周恩来:《论统一战线》,载《周恩来选集》(上卷),人民出版社,1980年,第211页。

② 同上,第216页。

权。周恩来明确指出:"领导权要用力量来争,因为领导权是有人和无产阶级争,和共产党争的。不但大资产阶级争,自由资产阶级也争,小资产阶级也争。他们总要照他们的思想来领导这个队伍。"①同时,无产阶级要用正确的方法去争取领导权。周恩来分析了新民主主义革命时期无产阶级应该用怎样的方法去争取领导权的问题。他指出,在当时的情况下,互争领导权的主要是国共两党,然而"双方进行争取和领导的方法是不同的"②。"国民党是采取压迫的方法,不但压迫工农,也压迫小资产阶级、自由资产阶级。我们的方法则是同一切可以争取的力量合作"③,不但和农民、小资产阶级合作,而且和自由资产阶级合作,还要争取和大地主大资产阶级进行可能的合作。因此,在互争领导权这一问题上,正是方法的不同导致国民党反动派走向失败,共产党走向成功。

四、在领导权问题上要防止"左"的和右的错误

在《论统一战线》的发言中,周恩来详细分析了党关于统一战线的经验教训,指出在领导权问题上要时刻注意防止"左"的和右的错误,"可以说'左'倾右倾都不懂得领导权问题,不懂得争取这个领导权"④。具体而言,右倾观点是不要领导权。这主要体现在大革命后期和第二个武汉时期。在大革命后期,当时党的领导人认为,既然是资产阶级革命,领导权就是资产阶级的,无

---

① 周恩来:《论统一战线》,载《周恩来选集》(上卷),人民出版社,1980年,第216页。

②③ 同上,第217页。

④ 同上,第218页。

产阶级仅仅是配角。第二个武汉时期有一种解释,认为只要抗战就是统一,就要统一到蒋介石的大资产阶级政府上来。实践证明,这是完全错误的。与右倾观点相反,"左"倾观点不懂中国革命的新民主主义性质,急于转变,争取非资本主义前途,空喊无产阶级领导,只要斗争,不要团结。"政策'左'了,不仅脱离了小资产阶级群众,而且脱离了工农群众,造成了严重的损失。"①基于这些,周恩来精辟地总结道:"右的是放弃领导权,'左'的是把自己孤立起来,成了'无兵司令''空军司令'。可以说右倾是把整个队伍送出去,'左'倾是把整个队伍推出去",因此都是错误的。"

第二节　坚持党对人民政协领导的主要内容

党对人民政协的领导是历史的选择,具有必然性。那么党对人民政协的领导包括哪些方面,有哪些内容呢? 可以说,只有确立了党对人民政协领导的明确的内容,才能真正实现党对人民政协的领导。在这方面,作为党的第一代领导集体的重要领导人,周恩来不仅论述了党的领导的必然性,而且还系统提出了党对人民政协领导的主要内容。

一、党通过其方针政策实现对人民政协的领导

党对人民政协的领导首先是政治领导。所谓政治领导,是指政治原则、政治方向和重大方针政策的领导,集中体现在党的路

---

① 周恩来:《论统一战线》,载《周恩来选集》(上卷),人民出版社,1980年,第220页。

线、方针、政策上，即党制定和执行正确的路线、方针、政策，并以此领导和指导人民政协及其工作。人民政协的各项工作和活动必须贯彻和落实党制定的路线、方针、政策，通过贯彻落实这些路线、方针和政策，来体现党的领导。①

周恩来非常重视党对人民政协的组织领导，他指出，党对人民政协的领导，首先是政治领导，起着领导作用的"是党的方针政策"。1957年4月24日，周恩来在中共浙江省委扩大会议上作了《长期共存，互相监督》的讲话。在这篇讲话中，周恩来回顾了新民主主义革命时期党取得统一战线的领导权的过程，他指出，在当时的历史条件下，民族资产阶级和民主党派最终选择了共产党。然而"单是有了历史发展的有利条件并不能解决问题，关键在于领导，在于党的政策。党领导得正确，才能使历史条件所提供的可能性变成现实"②。1962年4月18日，在政协第三届全国委员会第三次会议上的讲话中，周恩来再次强调这个问题。他指出："起着领导作用的，主要是党的方针政策，而不是个人"，"共产党员必须首先把这个界限划清楚"。在政协里边，"只有领导机关和政策才是代表领导的"。③党怎样制定正确的政策呢？首先就需要多听各方面的意见，从中了解人民的呼声，发现真正的问题。其次，需要通过认真调查研究，找到问题的症结所在。再

---

① 张平夫主编：《人民政协概论》，中央编译出版社，2008年，第340页。

② 周恩来：《长期共存，互相监督》，载《人民政协重要文献选编》（上），中央文献出版社、中国文史出版社，2009年，第302页。

③ 周恩来：《我国人民民主统一战线的新发展》，载《人民政协重要文献选编》（上），中央文献出版社、中国文史出版社，2009年，第339页。

次，提出政策方案并广泛征求包括民主党派在内的各方面的意见和建议，进而完善政策方案，制定出政策措施。最后，实施政策措施并认真收集各方面的反馈，进一步改善政策。周恩来高度重视党的政治领导的作用，而且将其付诸实践，在与民主党派和民主人士的长期交往中，始终依据党的方针政策，贯彻党的方针政策，宣传党的方针政策，成为遵守党的方针政策的典范，从而也赢得民主党派和民主人士的广泛尊重与爱戴。

二、党通过其领导集体实现对人民政协的领导

周恩来指出，党的领导是政治领导，起着领导作用的是党的方针政策。那么怎样实现党对人民政协的领导呢？周恩来进一步指出，党的领导是党的领导集体的领导，是党通过其领导集体实现对人民政协的领导。1962年3月2日，在《论知识分子问题》的讲话中，周恩来指出，在肯定党应该领导一切，党能够领导一切的前提下，"现在的问题是如何领导一切？什么是一切？"[①]这就非常严肃地提出了怎样实现党的领导的问题。而在对这个问题的回答中，周恩来十分强调的一点是，党的领导不是党员个人领导，而是党的集体领导。周恩来谈道："党是一个集体，是有组织的。党的领导是组织领导，不是个人领导。党员个人怎么能领导？一个单位的个别党员，怎么能说他就是党的领导？党章没有规定党员有这样的权利，实际上也不可能有这样的本事。"[②]"党委领

① 周恩来：《论知识分子问题》，载《人民政协重要文献选编》（上），中央文献出版社、中国文史出版社，2009年，第325页。

② 同上，第326页。

导是集体领导,不是书记个人领导。没有经过党委讨论的大事,书记不能随便决定。行政上的事由行政决定,书记也无必要去干涉。"①怎样进行党的集体领导呢? 周恩来指出,就是相关的党组织要基于全局的考虑,"通过党委集体研究作出贯彻党的方针政策的决定或贯彻上级指示的决议"②。在这一过程中,"个人没有权力领导一切,不管是谁,都要平等待人,要学毛主席的好传统——调查研究,从实际出发"③。周恩来还批评了现实中个别党员不懂党的领导是集体领导、以"领导者"自居、乱指挥等官僚主义现象。他说:"就有这样的党员,人家请他指示,他就俨然以领导者自居,摆出领导者的姿态,发号施令。这是最坏的官僚主义者。"④

三、对非党人士的思想改造是实现党对人民政协领导的重要保证

党对人民政协的领导还体现在思想领导方面。所谓党对人民政协的思想领导,是指理论观点、思想方法和精神状态的领导,即用科学的思想理论武装政协委员和政协机关干部的头脑,统一思想认识,指导人民政协工作。⑤在长期的领导人民政协的过程中,周恩来非常重视党对人民政协的思想领导,认为对非党人士的思想改造是实现党的领导的重要保证。1954 年,在"三大改造"如火如荼地进行、人大召开、宪法颁布的背景下,党中央特别

---

①②③④　周恩来:《论知识分子问题》,载《人民政协重要文献选编》(上),中央文献出版社、中国文史出版社,2009年,第326页。

⑤　参见张平夫主编:《人民政协概论》,中央编译出版社,2008年,第341页。

重视对非党人士的思想改造，引导非党人士认清社会发展大局和党的政策主张，进而自觉参加"三大改造"运动，积极发挥在运动和人民政协中的作用。为此，周恩来主持制定的《中国人民政治协商会议章程》"总纲"中特别提出："在自愿的基础上学习马克思列宁主义的理论，积极学习国家的政策，提高政治水平，展开批评和自我批评，努力进行思想改造"，是参加人民政协的各单位和个人共同遵守的准则之一。

此外在多次讲话中，周恩来都专门谈到对非党人士的思想改造问题。周恩来认为：

第一，所有的人包括共产党员在内都要自我改造。周恩来说："就拿我们共产党员来说，哪里会一进到党里来就是全脑筋的社会主义思想？根本不会有这种事。"①因此，共产党员也要常常检讨、学习。然而，不同人的改造有性质上和程度上的不同。对地主、富农、反革命分子、坏分子的改造，是带有强迫性的，与人民内部的改造有性质上的不同。"人民内部的改造，只有程度上的不同，没有性质上的不同。旧东西多的多改，旧东西少的少改，去掉坏的影响。"②

第二，思想改造是长期的。周恩来指出，思想改造的根本是世界观的转变，而"把资产阶级世界观转变为无产阶级世界观，需要一个过程"③，是长期的。其原因就在于，思想改造也是一种

---

① 周恩来：《人民政协的五项任务》，载《人民政协重要文献选编》（上），中央文献出版社、中国文史出版社，2009年，第207页。

②③ 周恩来：《论知识分子问题》，载《人民政协重要文献选编》（上），中央文献出版社、中国文史出版社，2009年，第328页。

斗争,是先进思想和落后思想之间的斗争。斗争的存在则是由于有矛盾,而矛盾则是永远都存在的,所以思想改造也要不断进行。对于非党人士来说,其思想改造的任务是:"首先是爱国,进一步愿为社会主义建设服务,更进一步接受党的领导,逐步改变旧的立场和思想体系。"①

第三,要自觉、自愿地接受改造。周恩来提倡个人自觉、自愿地接受改造,提出"阶级消灭,个人改造,得到愉快"②。他说:"自我改造的程度如何主要决定于自觉性"③,"想通了是愉快的事情,没有想通是不愉快的事情"④,为了消灭不愉快,达到愉快,就要自觉、自愿地改造。

第四,改造的方法要和风细雨,不能粗暴。周恩来指出,思想改造解决的是世界观的问题,是信仰的问题,所以"用粗暴的方法进行思想改造,是不能解决问题的"⑤。因此,改造的方法要和风细雨,不能粗暴。"这样气才能顺,心情才能舒畅,才能接受帮助"⑥。怎样进行和风细雨式的思想改造呢?周恩来认为,党的领导者同思想改造的对象进行直接的接触具有重要意义。他说:

①　周恩来:《论知识分子问题》,载《人民政协重要文献选编》(上),中央文献出版社、中国文史出版社,2009年,第328~329页。

②④　周恩来:《人民政协的五项任务》,载《人民政协重要文献选编》(上),中央文献出版社、中国文史出版社,2009年,第207页。

③⑥　周恩来:《论知识分子问题》,载《人民政协重要文献选编》(上),中央文献出版社、中国文史出版社,2009年,第329页。

⑤　周恩来:《关于知识分子问题的报告》,载《人民政协重要文献选编》(上),中央文献出版社、中国文史出版社,2009年,第252页。

"很多知识分子期望我们能够在思想上政治上多给他们以帮助和批评,并且觉得我们给的这种帮助太少了"①,只要不给知识分子"上大课",能够和他们促膝谈心,就一定能做好对他们的思想改造工作。

第五,改造要互相帮助,互相学习。周恩来指出:"没有人是专门改造别人的。自居于领导,自居于改造别人的人,其实自己首先需要改造。"②在促进知识分子改造的问题上,周恩来提出的措施之一就是由其中的先进分子改造中间分子和落后分子。他说:"为了帮助知识分子的进步,除了依靠共产党员以外,还要组织已经占知识分子中百分之四十左右的进步分子参加工作。"③

除了上述一些论述外,周恩来还指出,思想改造是为了进步,是永无止境的。他语重心长地说:"自我改造是为了进步,是光荣的事情"。"人总是有缺点的,世界上没有完人,永远不会有完人"。"人生有限,知识无限,到死也学不完,改造不完。"④这也许正是周恩来始终严格要求自己,始终不断追求进步,始终为了伟大理想而奋斗不息的光辉写照。

第三节　发挥政协党组的作用

人民政协中的中国共产党党组是党在政协中的派出机构,

---

①③　周恩来:《关于知识分子问题的报告》,载《人民政协重要文献选编》(上),中央文献出版社、中国文史出版社,2009年,第253页。

②④　周恩来:《论知识分子问题》,载《人民政协重要文献选编》(上),中央文献出版社、中国文史出版社,2009年,第329页。

肩负着实现党对人民政协领导的重大责任。发挥政协党组在政协组织中的领导核心作用，是确保党对人民政协领导的重要一环。因此，怎样发挥好党组的作用，对于实现党的领导、贯彻党的领导，具有重要的意义。作为党的第一代领导集体中人民政协的重要领导人，周恩来对此有非常深刻的体会和认识，提出了许多重要论述。

一、党组要正确对待党外人士

人民政协是党领导的多党合作和政治协商的重要机构，这一机构履行其职责，发挥其作用的重要方面，就是引导和带领非党人士共同努力，一道实现党和国家在各个时期的奋斗目标。在共同奋斗的过程中，关键性的一环是党组要正确对待党外人士，只有这样，才能充分调动非党人士的积极性。周恩来对此有深刻的认识，1950 年 6 月 14 日，在全国政协一届二次会议上，周恩来专门谈到人民政协中党组活动的问题，其核心要求就是党组要正确对待党外人士。周恩来引述毛泽东的话说：各级政协党组"对共产党员与党外人士应一视同仁，又要有所不同"。这就规定了党组正确对待非党人员的基本原则。怎样实现这一基本原则呢？周恩来指出，一般来说，在政治待遇、物质生活方面，政协党组对党员和党外人士应一视同仁，对党外人士不得歧视。但同时，"我们的党是工人阶级的先锋队，要率领人民走向社会主义，因此党员在政治见解上、思想意识上，要比别人水平高，这一点是有所不同"①。

为什么对党员的要求要比党外人士更高、更严格呢？周恩来指出，这主要是基于党的领导地位和领导作用。他说："我们党创建了军队，创建了解放区，领导了人民民主统一战线，夺取了全国政权。对这些，大家是承认的。正是由于这种情况，我们就更应谦虚谨慎，注意这个问题。"②周恩来还批评了现实中个别党员在这一问题上的错误思想：我们一些同志"不是在政治上、思想上严格要求自己，而是在政治待遇、物质生活上争名誉，闹地位，这是不好的"③。

二、党组执行党的政策要做到上下一致、内外一致

党中央的政策制定之后，执行就是关键。可以说，中央的好政策在执行中变形、走样，不能贯彻到底，将直接影响党的领导。这在人民政协工作中也是一样的。针对这一问题，周恩来提出了党组执行党的政策要做到上下一致、内外一致的思想。他说："凡是中央决定了的，地方上就要执行，上面是什么意见，下面也是什么意见，不要使党外人士批评我们'中央好，地方糟'，感觉我们上下不一致。内部决定的方针，要贯彻到外面去，不要使人感觉我们对外是一套，内部又是一套，内外不一致。毛泽东同志的作风是，对问题一经考虑成熟，决定了的就公开出去。凡是要在

①③　周恩来：《人民政协全国委员会会议党组织活动的方针》，载《人民政协重要文献选编》（上），中央文献出版社、中国文史出版社，2009年，第118~119页。

②　同上，第119页。

广大群众中做的事情,就应该真诚坦白地向党外人士谈清楚。对党外人士要和蔼真诚,不要虚伪。毛泽东同志同党外人士谈话,真是和党员谈话差不多。这是值得我们学习的。"①

三、各级党组要努力让党外人士做到"知无不言,言无不尽"

在共产党长期执政的情况下,怎样实现对党和国家机关工作人员的有效监督呢? 周恩来指出,关键是要让党外人士做到"知无不言,言无不尽",使他们在各种会议上敢于说话。周恩来说:"民主人士,尤其是从旧社会来的上层分子,说话是有保留的,这是不奇怪的。他们要看一看。特别是新同我们接触的人,有些观望,是可以理解的。我们有责任去打破这些观望,循循善诱,使他们敢于把话都说出来。"②对于执政党,应该了解各方面的情况,允许各方面的代表人士提意见和建议,要创造条件使党外人士敢于说话。为此,周恩来对各级党组及其成员提出了两项要求:"第一,要有听得进去的胸怀;第二,要有辨别是非的本领。"③这两项要求也是使党外人士敢于说话的条件。周恩来指出,愿听意见不是一件容易的事,但对于执政党而言,必须去听,特别是能听不同的意见。"资本家、自由职业者有什么意见,我们应当去听;地主有什么想法,也应当了解。"④对于党外人士提出的各种意见,党组及其成员首先应有一个正确的认识,就是这是朋友提

---

①②③④　周恩来:《人民政协全国委员会会议党组织活动的方针》,载《人民政协重要文献选编》(上),中央文献出版社、中国文史出版社,2009年,第119页。

出的意见,应实行"言者无罪,闻者足戒"。当然,党组及其成员要有辨别对错的本领,"对的意见加以接受,不对的也不要马上打回去,适当的时候加以批评","对党外人士的意见,哪怕只有一分是对的都应接受,然后再对不正确的部分加以分析批评"。①周恩来指出,这就是以斗争求团结的方法。

第四节 共产党员要多交党外朋友

中国共产党和参加人民政协的各党派团体及各族各界人士的关系不仅仅是工作关系,而且还体现在个人关系上。可以说,正是广大共产党员和参加人民政协的各党派团体及各族各界人士长期的、真诚的个人交往,才奠定了共产党与各党派团体及各族各界和谐关系的基础。对于这点,周恩来不但进行了系统论述,而且还一贯身体力行,成为共产党员与参加人民政协的各党派团体及各族各界人士真诚交往的典范。

一、必须团结党外人士才能把工作做好

周恩来认为,党和非党的关系更多地不是体现在原则与规定中,而是体现在日常工作与交往中,党员"必须团结非党群众才能把工作做好"②。在《发挥人民民主统一战线积极作用的几个

---

① 周恩来:《人民政协全国委员会会议党组活动的方针》,载《人民政协重要文献选编》(上),中央文献出版社、中国文史出版社,2009年,第120页。

② 周恩来:《发挥人民民主统一战线积极作用的几个问题》,载《人民政协重要文献选编》(上),中央文献出版社、中国文史出版社,2009年,第111页。

问题》的讲话中，周恩来指出："各界人民代表会包括各阶级、阶层的代表，协商机构也把各阶级、阶层的人容纳进来。区级以上的国家机关行政人员有二百四十万人，估计至少有半数是非党员，其中很多是知识分子，他们是从各阶级、阶层来的，里面还有各民主党派的分子。"①可以说，正是这样的情况要求党员在起骨干作用，发挥领导作用的同时，必须团结党外人士。

团结党外人士的根本是要认识到党外人士中有不同的信仰，共产党员在工作中与党外人士共同工作，就要尊重他们的不同信仰，不能强制党外人士与党员一样所思所想。周恩来说："思想是不能强制的"，即使是提倡党外人士学习马列主义、毛泽东思想，进行思想改造，也应认识到，"学习不同于信仰"，学习马列主义可以与信仰自由并存。②可以说，这是从最深层次阐明了党员与党外人士接触、共事的基本原则，只有做到这点，才能真正尊重党外人士，才能团结党外人士把工作做好。党员在工作中团结党外人士，也要讲究一定的方式方法。因为党员要执行党的政策，带领党外人士完成党和政府的阶段性任务，这就要求党员除了自己主动发挥模范带头作用外，还要用一定的方法调动党外人士的积极性。在这方面，周恩来的一贯作风是，与党外人士平等相待，用说理的办法做党外人士的思想工作，在原则问题上坚持立场，在非原则问题上适当妥协。周恩来这样说，这样做，得到

---

①　周恩来：《发挥人民民主统一战线积极作用的几个问题》，载《人民政协重要文献选编》(上)，中央文献出版社、中国文史出版社，2009年，第111页。

②　周恩来：《人民政协的五项任务》，载《人民政协重要文献选编》(上)，中央文献出版社、中国文史出版社，2009年，第209页。

了党外人士和全国人民的衷心爱戴。

二、与党外人士个人交往中没有领导与被领导关系

周恩来指出,党的领导是政治领导、组织领导和思想领导。同时周恩来也指出,在党员与党外人士的个人来往当中,"没有领导与被领导的关系"①。二者并不矛盾。在《我国人民民主统一战线的新发展》中,周恩来指出:"个人都是平等的,如果从工作上说,大家都是人民的勤务员,彼此平等地交换意见,决不能个人自居于领导地位","不然的话,我们的民主生活、民主风气就不能够发扬,我们之间就有隔阂,中间本来没有墙,就会有一座精神的墙隔着,妨碍民主集中制的贯彻"。②互相尊重,平等相待是周恩来与党外人士交往的基本原则,也是周恩来对所有共产党员的基本要求。

三、要勇于和党外人士成为"诤友"

党外人士肩负着对共产党进行监督的重任,要监督就免不了向党组织表达不同意见,提出不同见解。即使是朋友之间,有时也会因为不同的认识而产生暂时的争论。如何看待和处理这种情况呢?周恩来提出,党员要勇于和党外朋友成为"诤友"。周恩来深知,党外人士基于一些顾虑,有时不敢对党讲真话、讲心里话。在《长期共存,互相监督》这篇讲话中,他说:"我也有一些党

---

①② 周恩来:《我国人民民主统一战线的新发展》,载《人民政协重要文献选编》(上),中央文献出版社、中国文史出版社,2009年,第339页。

外朋友,而且过去很熟,我总希望通过他们知道一些不同意见。可是他们到了我面前,就是愿意说,也要保留几分。因为他们知道我是共产党的负责人,说话总不免要考虑考虑。甚至我的弟弟,他的心里话也不都跟我说。"①长此以往必然导致党闭目塞听。避免这种情况的办法就是共产党员要主动和党外人士接触,要有党外的"畏友"和"诤友"。周恩来说,共产党员要有"畏友","就是说,他敢于提出不同意见,敢于批评对方的短处,习惯了就不是畏友而是诤友了。我们共产党员要多听不同的意见,才能多知道各方面的意见。不同的意见不一定都对,但你要听了才有比较"②。周恩来还批评了一些党员不注意交党外朋友,不注意听取党外朋友意见的现象。他说:"你既然不熟悉,就证明你在这方面有缺陷,你去接触了,才能认识,才能了解,才会得到有益的东西"。"习惯于只限在自己的小圈子里,只喜欢听相同的意见,听不到不同的意见,对不熟悉的事也不愿意去熟悉,把自己局限起来,这样工作就会越做越窄了。"③在进行这些论述的基础上,周恩来指出:"总之,党员要承认我们有很多事情还不知道,知识还有限。我们的确是要做到老学到老,改造无止境","党外的同志们也应该责备我们严一点。我想责备严是好事,是统一战线中的好朋友。当然这是为了把国家搞好,把社会主义事业搞好,而不

---

① 周恩来:《长期共存,互相监督》,载《人民政协重要文献选编》(上),中央文献出版社、中国文史出版社,2009年,第303页。

②③ 同上,第340页。

是对个人的攻击"①。

四、要真诚地关心和爱护党外朋友

党外人士中的很多人是相关领域的专家学者和代表人物，是国家的宝贵财富，在强调发挥其积极作用的同时，也应关心和爱护他们，让他们有较好的物质生活和愉快的心情，这样才能使他们有大量精力更好地从事为人民服务的工作。关于这点，周恩来在相关讲话和实际工作中，都是非常注意的。在 1956 年作的《关于知识分子问题的报告》中，周恩来专门谈了提高知识分子生活待遇的问题。他说："知识分子的生活待遇，一般地说比解放以前已经有了改善，但是为了使高级知识分子能够把更多的精力用于工作，他们的生活待遇应该适当地提高。一部分高级知识分子为了日常生活琐事，往往不必要地费去太多的时间，这应该看作是国家劳动力的损失。有些高级知识分子的居住条件太差，在北京和其他人口增加特别快的城市，都有一家几口合住一间小屋的情况。他们的休息娱乐生活也组织得不好。所有这些问题，都应该由主管的部门认真地加以解决。"②周恩来还具体指出了提高知识分子待遇的措施。他说，为了更好地解决知识分子的生活待遇问题，主要需要从三方面着手：第一，应该教育各有关单位的行政管理人员从思想上重视知识分子的生活条件。第二，

---

① 周恩来：《我国人民民主统一战线的新发展》，载《人民政协重要文献选编》（上），中央文献出版社、中国文史出版社，2009年，第341页。

② 周恩来：《关于知识分子问题的报告》，载《人民政协重要文献选编》（上），中央文献出版社、中国文史出版社，2009年，第246~247页。

应该教育各有关单位的工会组织和消费合作社组织努力扩大为本单位的知识分子服务。第三,应该根据按劳取酬的原则,适当地调整知识分子的工资。[1]这些思想和措施,体现了党和国家领导人对知识分子的关怀和爱护,得到广大知识分子的衷心拥护。

作为一名伟大的无产阶级革命家与党和国家的卓越缔造者、领导人,周恩来长期领导党的统一战线和人民政协工作,在工作中充分体现其高超的政治智慧、平易近人而又扎实细致的工作作风,以及伟大的人格。周恩来关于加强党对人民政协领导的思想,值得认真总结并发扬光大。

---

① 参见周恩来:《关于知识分子问题的报告》,载《人民政协重要文献选编》(上),中央文献出版社、中国文史出版社,2009年,第247页。

第七章

周恩来人民政协思想的
理论意义与现实意义

周恩来在领导筹建人民政协组织，发挥人民政协组织功能作用的过程中不仅实践了党的第一代中央领导集体的制度设计和建国理念，同时也形成自己关于人民政协的观点、主张，奠定了人民政协思想体系的理论基础和构架。在新形势下，我们要继承和发扬人民政协的光荣传统，解放思想、与时俱进，把人民政协事业不断推向前进。

第一节　周恩来人民政协思想的特点

周恩来人民政协思想是周恩来在坚持并发展马列主义统一战线理论、理解并细致把握毛泽东统一战线及人民政协思想的基础上形成的，关于人民政协的理论探讨和经验总结，充分反映了周恩来在指导人民政协工作中所秉承的基本精神和整体思路。

一、内核：合作与民主

通过前几章的分析，我们可以看到，周恩来始终将人民政协视为承载中华人民共和国开展多党合作和政治协商的主要功能实体，视为人民民主统一战线的组织体现，其人民政协思想的核心可以概括为"合作"与"民主"。

"合作"思想可以分成三层来理解：第一，他主张共产党与各民主党派之间是"合作"型政党关系，这种关系一直持续到政党消亡为止，强调党与各民主党派之间通力合作的长期性与重要性；第二，他要求参与人民政协的各界别加强"合作"意识，相互尊重，相互包容，代表和反映社会内部不同具体利益，增进人民群众的根本利益，共同推进国家建设；第三，他主张共产党员与党外人士"合作"共事，平等相待，坦诚友善，听取不同意见，辨别是非，更好地完成各项工作。这三个方面都是周恩来重视"合作"价值的集中体现。

"民主"是支撑周恩来政协思想的另一个内核。周恩来一贯强调"民主的扩大"。他认为，一方面是形势许可，另一方面是从整个无产阶级专政的历史特别是苏联的教训中总结出的经验。"要经常注意扩大民主，这一点更带有本质的意义。"①周恩来指出："民主集中制是我们政治生活的基本原则。我们的民主是有领导的民主，这方面过去有足够的解释，现在要多强调民主的扩大。"②为此，他始终坚持以促进民主、实现民主的标准开展人民

---

① 周恩来：《专政要继续，民主要扩大》，载《周恩来选集》(下卷)，人民出版社，1984年，第207页。

② 周恩来：《长期共存，互相监督》，载《周恩来统一战线文选》，人民出版社，1984年，第351~352页。

政协的领导工作,深刻阐释新民主主义精神和特点,要求共产党员发扬民主作风,提倡运用多样民主形式,注重维护民主秩序,倡导和谐安定的民主氛围。周恩来认为,人民政协是发扬社会主义民主的政治平台,是实现人民当家做主的重要渠道,因此政协要始终围绕"民主"下功夫,主动回应国家发展的要求,动态性拓展民主范围和民主程度,满足人民日益增长的物质文化需要。

周恩来树立的"合作"和"民主"内核是其人民政协思想的基本理论特色。坚持"合作"和"民主",以扩大民主为增进合作的基础与目标导向,实现二者的共存互促与互补共生,也是周恩来对人民政协事业发展提出的重要启示。

二、功能:团结与建设

在人民政协的功能设计中,周恩来强调"团结"与"建设"。从团结的角度讲,政协要充分发挥统一战线的作用,团结一切可以团结的力量,"划一个最大的圈子,把亿万人民群众团结在一起"①。这不仅是沿续共产党取得中国革命胜利经验的现实需要,而且是建立中华人民共和国人民民主专政政权的政治安排。周恩来人民政协思想充分强调了团结的基础性功能,主张人民政协的组成、工作及一切行动,都要适应并有利于广泛性、真实性的团结。在他看来,这一团结不是一般意义上的团结,而更多是一种治国理政的政治理念,通过"团结—批评—团结"的方式解决人民之间的内部矛盾,通过团结各界人士扩大和巩固共产党的阶

---

① 周恩来:《团结广大人民群众一道前进》,载《周恩来统一战线文选》,人民出版社,1984年,第122页。

级基础和群众基础，通过团结调动社会一切积极因素发展国家的各项事业。

在着重强调人民政协的"团结"功能之外，"建设"也是周恩来赋予政协的重要功能，准确地说，"团结"也是要服务于"建设"，因此"建设"是功能，同时也是目的。人民政协要将团结汇集起来的强大合力应用于社会主义建设之中。周恩来指出："我们要又多、又快、又好、又省地发展社会主义建设，除了必须依靠工人阶级和广大农民的积极劳动以外，还必须依靠知识分子的积极劳动，也就是说，必须依靠体力劳动和脑力劳动的密切合作，依靠工人、农民、知识分子的兄弟联盟。"[①]这表明，周恩来主张社会主义建设离不开社会各阶级、阶层的统一联盟，也指明人民政协必须在这一过程中发挥的重要作用。这一方面由政协的性质和地位所规定，另一方面也因政协具有的巨大政治优势所使然。人民政协的建设功能不仅体现在其能够伴随社会政治的发展进行自身建设，将不同的社会力量整合起来，而且体现在其能够在政治过程中影响国家大政方针，为国家各项建设做出贡献。周恩来反复提到人民政协在中华人民共和国不同时期的任务要求，特别是在社会主义改造之后，人民政协要担当起更重的建设任务，这一方面说明社会主义建设时期面临的问题更加复杂；另一方面指出人民政协在今后应着力于强化建设功能，推进国家的整体发展。

---

① 周恩来：《关于知识分子问题的报告》，载《周恩来统一战线文选》，人民出版社，1984年，第275页。

三、方式：协商与监督

周恩来深入阐释了"协商"与"监督"的思想，并将其作为实现新民主主义精神的基础方式，指出了它们在人民政协发扬民主生活中的价值地位与应用形式。

周恩来多次强调，新民主主义精神在于协商。"协商"是在尊重各方利益和意愿的前提下，就某问题充分讨论后达成一致，不仅是扩大民主生活、调整统一战线内部关系的重要形式，而且是加强共产党和各民主党派、无党派人士和其他方面人士团结合作的基本方法。在他看来，实现政治协商是中国革命运动历史积累的结果，并不是个人或政党的意志决定。新民主主义的协商应当做到：第一，事先协商，避免协商形式化；第二，广泛性、经常性协商，要真正去发现问题并解决问题；第三，在非原则问题的协商中进行必要的妥协，降低协商的成本；第四，营造宽松的协商环境，敢于表达，真实表达，言者无罪，以理服人。周恩来认同并积极推广协商精神。作为协商民主在中国的特色体现，人民政协的政治协商既是政协区别于人大的特殊之处，也是政协与人大形成互补的优势所在。

周恩来同样明确指出，监督对中国共产党执政之后继续发扬优良传统具有关键作用。他认为，旧中国封建习俗的潜在影响，资产阶级思想的不断侵蚀，以及共产党取得全国政权的现实背景，可能会造成共产党员产生自满自大的心理，滋生官僚主义，脱离甚至背叛人民群众。他认为民主监督能够有效遏制这一倾向，特别阐明"监督"在多党合作中会长期存在，并且主要来自于各民主党派。这种监督是高层次的政治监督，以提出意见、批评和建议的形式，对国家重大方针政策的贯彻执行，国家机关工作及人员实施监督。周恩来曾指出："凡是工作中的缺点、错误要承认，工作中的好经验要坚持，好的坏的都让人民知道，这就是我们人民政权的特点。"①就民主监督的角度而言，周恩来这一表述说明，实行有效的民主监督需要共产党虚心接受不同的意见和批评，敢于承认错误及不足，也要求其努力做到信息公开，保障人民知政的权利，体现人民当家做主的地位。

四、立场：维护广大人民根本利益

"天下是人民的天下"②，"我们的一切工作都是为了人民的"③，周恩来认为中华人民共和国是人民的政权，维护广大人民根本利益是国家一切工作的基本出发点和落脚点，表明周恩来始终站在人民的立场，始终秉持"人民是国家的主人"的基本态度。

面对中华人民共和国成立之初人民民主统一战线是四个阶级联盟的情况，他明确要求不同阶级要"有一个共同的立场，这就是为绝大多数人民的最高利益着想的人民立场"④。从周恩来的长期工作实践中可以看出，在他的思想深处，人民政协作为统

---

① 周恩来：《稳步地实现少数民族地区的民主改革》，载《周恩来统一战线文选》，人民出版社，1984年，第328页。

② 周恩来：《长期共存，互相监督》，载《周恩来统一战线文选》，人民出版社，1984年，第351页。

③ 周恩来：《把我国建设成为强大的社会主义的现代化的工业国家》，载《周恩来选集》（下卷），人民出版社，1984年，第142页。

④ 周恩来：《关于知识分子改造的问题》，载《周恩来选集》（下卷），人民出版社，1984年，第65页。

一战线组织必须为了维护和实现人民的利益而奋斗，这不仅仅是他诠释全心全意为人民服务的坚定信念，更是他落实于领导政协组织建设和各项工作的行为标尺。他坚持人民政协要伴随政治形势和社会发展来强化党派、团体等各个方面利益的广泛性与代表性，要团结一切可以团结的力量，动员一切可以动员的因素来扩大民主，以协商和监督的方式，保证国家各项工作朝着实现人民利益最大化的方向进行。

周恩来人民政协思想特别突出人民利益，这与中国特色社会主义政治发展的要求具有高度一致性，即必须以人民民主为核心，将实现最广大人民的根本利益放在首位。人民政协的界别特色有利于集中表达和反映不同界别群众的具体利益，有利于社会各个方面力量之间的密切联系。在当今中国的各种政治要素中，人民政协最能体现"人民"的广泛性，从这个角度讲，人民政协承担着代表和实现最广大人民根本利益的重大责任。

五、目标：共同建设富强民主国家

周恩来指出，"建设一个独立、民主、和平、统一和富强的新中国"，"我们必须团结国内各民主阶级、各民族和国外华侨，结成这样一个伟大的人民民主统一战线"。① 在他看来，人民政协是人民民主统一战线的最好组织形式，因而政协也就必须围绕建设富强民主国家的目标来开展各项活动。

---

① 周恩来：《人民政协共同纲领草案的特点》，载《周恩来统一战线文选》，人民出版社，1984年，第145页。

人民政协配合国家的中心任务，维护中国共产党领导下人民当家做主的地位，促进政治资源的优化配置，有利于广大人民群众对党和政府保持高度的政治认同，形成共同建设富强国家的合力。人民政协强调发展和扩大民主，是中国发展协商民主的重要组织平台和制度载体。人民政协重视发扬民主协商精神，参与协商国家的重大决策，为引导人民群众共同建设民主国家发挥建设性作用。

周恩来围绕人民政协的存在和发展，提出的人民政协建设富强民主国家的一系列重要论述，不仅阐明了人民政协开展各项活动的规范要求和工作思路，而且为人民政协事业的长远发展指明了方向。

第二节　周恩来人民政协思想的理论贡献

周恩来人民的政协思想忠实地展现了以毛泽东同志为主要代表的中国共产党人立足于中国国情和中国革命发展的阶段特征，坚持建立广泛的统一战线和协商建国的制度设计理念和民主思想：详细阐述了人民政协的地位、性质、作用；进一步明确了人民政协在人民代表大会召开后存在的必要性和协商国际问题、协商候选人名单、提出意见、调整关系、学习五大任务；提出了在我国政治框架中有党的系统、有政权系统、政协系统的观点，明确了人民政协的地位和功用；阐述了人民政协以协商为显著特征的工作方式和工作机制等内容。周恩来政协思想以其明晰的阐释性和操作性确立了人民政协的理论基础、组织构架和发展方向,成为人民政协理论奠基时期的重要标志,有力指导了人民政协的创立和发展。

一、明确了人民政协统一战线组织的性质,奠定人民政协发展的基本方向

统一战线是人民政协存在的基石。可以说,周恩来的人民政协思想源于他对统一战线的认识。早在青年时代周恩来就已经认识到建立和巩固统一战线对中国革命的重要性。他始终坚持统一战线的建立和巩固与中国社会主要矛盾分析相结合,与国内外政治力量的性质和变化分析相结合,在大革命、土地革命战争和抗日战争三个时期致力于动员广大群众参与反帝反封建的新民主主义革命之中。1949 年 4 月,周恩来重申统一战线的重要性问题,强调共产党要"先划一个最大的圈子,把亿万人民群众团结在一起,共同对付最反动的地主阶级和官僚资产阶级集团,孤立、反对、打倒他们。人民内部当然还有不同的阶级和阶层,最跟党接近是工人、农民、学生和劳动知识分子,其次是小资产阶级,再次是民族资产阶级、开明绅士及其他爱国分子,要对他们加以区别对待,争取和教育他们"①。这样不仅有利于团结更多的人跟共产党一起走,而且有助于党向他们进行多方面学习,实现更大的发展,为人民政协的建立奠定了基础。

中华人民共和国成立后,周恩来进一步阐明,中国人民民主

---

① 中共中央统一战线工作部、中共中央文献研究室编:《周恩来统一战线文选》,人民出版社,1984年,第122页。

统一战线是工人阶级、农民阶级、小资产阶级和民族资产阶级四个阶级的联盟,其中重要的问题是如何加强工人阶级领导、如何巩固工农联盟、如何同民族资产阶级和小资产阶级合作等三个问题。① 1962 年,周恩来又论述到这一统一战线的"两个联盟"思想,他认为列宁所提的"无产阶级与非无产阶级的劳动阶层的联盟"是无产阶级同其他劳动者的联盟,而中国扩大了同民族资产阶级的联盟,属于无产阶级同非劳动者的联盟,并强调坚持这两个联盟是中国共产党的战略方针和长期的历史任务。随后,周恩来更不断加强人民民主统一战线定位为国家政治生活一项根本任务,提出人民民主统一战线的作用"不但表现在社会主义改造方面,而且表现在社会主义建设方面",应当致力于团结一切可以团结的力量,扩大民主生活。

二、强调并重视发挥人民政协的团结和民主功能,指明人民政协工作贯穿始终的主题

正如前文分析的那样,团结和民主在周恩来人民政协思想中占有很重要的位置,周恩来认为,人民政协作为统一战线组织,团结是其最重要的任务, 他说:"政协召开的目的, 不是为了分裂,而是为了团结。"②人民政协同样的重要的任务是充分发挥民主协商功能, 他认为:"凡准备由中央人民政府委员会通过的一切重大决定和法律、条例,事先都提请政协全国委员会常务委员

① 中共中央统一战线工作部、中共中央文献研究室编:《周恩来统一战线文选》,人民出版社,1984年,第160页。

② 全国政协秘书处编:《中国人民政治协商会议资料选集》(第三册),1962年,第13~17页。

会交换意见";而"凡准备由政务院通过的重要决议和指示,也常征询全国委员会有关工作组的意见"。他反复强调:各级政协组织"是各民主党派、各人民团体、各界人民协商的机关,凡重大问题必须经过协商,直到相当成熟,才能提交政府通过执行"。"这是中国新民主主义政权的一个创造,是30年斗争经验的产物,各地应重视这一机构的应用。"在人民政协六十多年的实践中,团结和民主始终是贯穿于人民政协各项工作之中,贯穿于人民政协事业发展的全过程。

三、提出并创建了人民政协的组成原则和组织架构,展现了人民政协的特点和优长

周恩来提出了人民政协的组成原则:严肃性、广泛性、灵活性和代表性,对人民政协的组织构成具有重要的指导性;创建了人们政协的会议组织机构:全国委员会全体会议和常务委员会两层,地方委员会也是两层,在全体会议闭会期间,由常务委员会主持会务,领导日常工作,集中处理一般事情,便于开展活动;指明政协全国委员会和地方委员会之间是指导关系,各地设立地方委员会应坚持具体分析、因地制宜,在组成成员和工作重点等方面讲求合乎实际,合乎政协的原则;机关组织设定政治法律、财政经济、文化教育、外交、国防、民族事务、华侨事务、宗教事务8个工作组。此外,周恩来还建立具有政协特色的文史工作和专题调研工作组织,指出:"政协的以往工作偏重于政治学习、国际活动和文史资料的收集,今后要多开展学术性报告和讨论,

有意识地邀请学术界的朋友参加。"①这些都为社会主义建设时期开展政协工作指明新的指导思路和要求。

四、提出并领导实践"又团结又斗争""以斗争求团结"的统战工作策略

周恩来一贯坚持将革命原则的坚定性与策略的灵活性有机结合起来,去反对统一战线中的"左"、右倾错误观点。基于此,周恩来系统总结出了统一战线的原则、策略、方法和守则,在中共七大《论统一战线》的发言中,他明确指出在统一战线队伍内要有团结有斗争,要正确运用"左中右"分析去发展进步力量、争取中间力量,孤立顽固、反动力量,在斗争中遵循有理、有利、有节的策略原则。中华人民共和国成立后,针对如何处理好人民民主统一战线中的党派关系问题,周恩来提出,要将联合性与排他性结合起来,不能只是为了广泛联合而不讲原则,要主动集中各党派的进步性以形成统一力量,同时注意排除统一战线内部潜藏的敌人以及敌对阶级的思想。"同党外人士合作是在共同的大前提下,接受他们的好意见,丰富我们的主张。只要大的方面有了共同性,小的方面存在差别是允许的。"②

周恩来的这一观点在其有关民族资产阶级的论述中得到了充分体现。他指出:"中国的民族资产阶级有自己的特点,我们应

---

① 中共中央统一战线工作部、中共中央文献研究室编:《周恩来统一战线文选》,人民出版社,1984年,第435页。

② 同上,第202页。

该有团结还要有斗争,但以团结为主,斗争为了团结。而今天的团结,又是为了明天实现社会主义。"①"在民主党派里面,既要允许资产阶级思想、小资产阶级存在,又要区别情况,加以限制和批判。"② 1952 年,周恩来特别强调:"中国民族资产阶级从新民主主义到社会主义,既是我们的朋友,又是要被消灭的阶级。"要对资产阶级分子进行改造,限制其经济发展、加强其思想教育,也要使之有利可图,适当发展并参加政府。1955 年,周恩来针对民族资产阶级两面性的问题, 又明确指出要充分把民族资产阶级在经济与政治上的积极性利用到最后,消灭其消极的一面,使这个阶级的分子改造成为国家工作人员或工人,诠释了"阶级消灭、个人改造"的重要观点。③对此,周恩来积极主张采取和平赎买等方法,其结合现实国情将马克思所主张的、列宁试图在俄国实行却未能实现的观点运用于社会主义改造,"不但有全国的意义,而且具有世界的意义"。1962 年,周恩来又指明民族资产阶级中有部分已经成为自觉的社会主义的劳动者,并强调党应继续加强与他们的团结合作, 很好地帮助他们进一步开展自我教育和自我改造。

---

① 中共中央统一战线工作部、中共中央文献研究室编:《周恩来统一战线文选》,人民出版社,1984年,第167页。

② 同上,第248页。

③ 同上,第266页。

五、强调坚持和完善中国共产党对统一战线和人民政协的领导

周恩来反复论述到党的领导问题。他提出，党的领导是党的集体领导，是党的中央和党的各级领导机关（省、市、县委员会）的领导，而不是党员的个人领导，党委书记不能对未经党委讨论的大事采取个人独断。他肯定党应该且能够领导一切，但其中的"领导一切"是指党要管大政方针、政策和计划，而不是管一切的事情，更不是去干涉具体事务，否则"党委势必成为官僚主义、事务主义的机构"①。他还明确指出，党的领导是指政治、思想和组织上的领导，是对"外行领导内行"的范围界定，而不应去干涉专业性业务。"党政关系有联系也有区别。党的方针、政策要组织实施，必须通过政府，党组织保证贯彻。党不能向群众发命令。"②他强调人民政协中的党组活动要坚持"上下一致、内外一致"，地方要严格执行中央的决定，同时内部决定的方针也要切实贯彻到外部去，以保证党的系统与其他系统的协调统一。

周恩来积极倡导共产党员与非党人士的合作共事。他指出，在政协的个人交往中，共产党员与党外人士是平等的，没有领导与被领导的关系，他们在各自的岗位上，都应当充分行使职权，做好工作，并且很好地进行合作。共产党员要"严于责己，宽以责

---

① 中共中央统一战线工作部、中共中央文献研究室编：《周恩来统一战线文选》，人民出版社，1984年，第420页。

② 同上，第175页。

人"，要主动多结交党外朋友，同时也要有固定的朋友，并且有责任将更多党外的意见集中到党的领导机关中来。在政治待遇、物质生活等方面，共产党员对党外人士应一视同仁，不能对党外人士区别对待，在政治见解、思想意识等方面，共产党员应致力于先进的能力培养与全面的素质提升。共产党员要对党外人士真诚坦白，有责任引导党外人士敢于说话，以斗争来求团结，对的意见要虚心接受改正，错的意见也应在党外人士讲完后再进行适当批评。在政权建设中，非党人士要有职有权，有职、有权、有责使之充分发挥积极性。各党各派人士要同心同德，共同过好五个关：思想关、政治关、生活关、亲属关、社会关。①

周恩来人民政协思想的理论贡献是多方面的，不仅限于上文提及的这几个方面。但上述这几个方面确是周恩来人民政协思想的重点，是学习和把握周恩来人民政协思想的抓手。高度重视统一战线在中国革命和建设中的作用，始终将人民政协视为人民民主统一战线的重要组织，视为中华人民共和国开展多党合作和政治协商的主要功能实体。他在筹建和领导人民政协实践中所确立的工作方针、工作策略、工作机制，至今仍然影响和指导着人民政协的工作实践。

第三节　周恩来人民政协思想的现实意义

现阶段中国正致力于全面建成小康社会、开创中国特色社

---

① 中共中央统一战线工作部、中共中央文献研究室编：《周恩来统一战线文选》，人民出版社，1984年，第448页。

会主义事业的新局面,这是一项全新的挑战,需要充分发挥各种社会政治要素的积极作用。党的十八大报告提出"健全社会主义协商民主制度","进一步发挥人民政协协商民主重要渠道作用",这就需要充分发掘和利用我国社会政治生活中蕴含的丰富的协商民主精神和思想。周恩来人民政协思想以民主、协商为核心, 它对于做好新形势下的政协工作, 推动统一战线事业的发展,坚持和完善多党合作制度,健全社会主义协商民主制度,开创中国特色社会主义事业的新局面,具有十分重要的现实意义。

一、以周恩来人民政协思想为基础,切实履行人民政协的三大职能,推动人民政协事业不断发展

周恩来在领导人民政协开展各项工作中,始终秉承团结与民主的基本精神,坚持"在紧密团结的基础上发扬民主,在发扬民主的过程中巩固团结", 为中华人民共和国人民政协奠定了基础, 有力推动了人民政协事业发展。在参与缔造人民政协的初期,周恩来就认为其主要职能是政治协商,强调人民政协要发挥协商机关和民主监督的作用。这对今天人民政协事业的发展仍然具有重要的指导意义。新时期的人民政协要立足于政治协商、民主监督和参政议政三大职能, 才能在保证自身不断发扬光大的基础上推动中国特色社会主义事业取得伟大胜利。

(一)继续深化政治协商精神,推进民主协商的程序化与制度化

人民政协的政治协商主要是对国家和地方的大政方针以及政治、经济、文化和社会生活中的重要问题在决策之前进行协商

和就决策执行过程中的重要问题进行协商。

在新时期，人民政协应进一步贯彻民主精神，坚持民主协商、平等议事的原则，倡导并切实保障政协委员享有平等的发言权，赋予并实现政协委员的会议发言免责权，提倡言论自由，鼓励委员放心讲实话、讲真话，包容不同观点，对于不恰当的观点应通过说理的方式帮助其改正；应致力于政协工作的科学性程序安排，从协商议题的提出与确定、协商过程的组织与实施、协商结果的整理与报送、建议意见的处理与反馈等各个环节逐一规范，推动协商成果的公开和转化。这要求人民政协应根据党委的年度工作重点，或政协党组提出的建议，或人大常委会、政府、民主党派、人民团体的提议，研究并确定政协协商的议题；政协党组按照政协章程和有关规定安排协商活动；党委和政府及有关部门负责人就相关问题通报情况、听取意见；政协要及时整理并报送参加会议的各党派团体和各族各界人士提出的意见和建议；党委和政府及有关部门对政协报送的意见和建议要认真研究处理，并及时反馈处理情况。同时，认真做好政协全会的整体协商、政协常委会的重点协商、政协各专委会的对口协商、政协常务委员的专题协商工作，明确规定需要经过协商而未协商或在协商过程中没有达成共识的问题，不能进入决策程序，并将协商结果贯彻落实情况在一定范围内进行通报或向社会公开，以保证人民政协政治协商不流于形式。

各级党政领导干部应当高度重视人民政协的政治协商，从发展中国特色社会主义民主政治的战略高度来认识政治协商的重要性。要认识到把人民政协的政治协商纳入决策程序是党中央的要求,是中国社会主义民主政治建设的发展方向。要树立平等协商意识,主动将党政部门的重大决策事项提交到政协协商,增强协商的主动性和主导性。要将需要协商的重大决策事项纳入党政部门年度工作要点,制定协商计划,及时研究有关事项。同时,将是否重视政治协商,能否发挥好政治协商作用作为检验领导水平和执政能力的一项重要内容,列入干部选拔任用的考核内容。

（二）建立健全民主监督机制,促进民主监督常态化,提升实效性

人民政协的民主监督是指对宪法、法律与法规的实施、重大方针政策的贯彻执行、国家机关及其工作人员的工作,通过意见、建议、批评的方式进行的政治监督。

在新时期,应不断建立和健全政协民主监督机制,主要包括：建立重要情况和重大问题通报机制,进一步扩大政协委员的知情权,要求党委、政府的中心工作和群众所关心的重点问题要向政协委员进行细致的介绍,使政协委员知情明政;党委、政府部门可以定期组织专委会成员参观、考察、调研、座谈,让专委会和政协委员了解运作的真实情况,促进党和政府决策的科学化、民主化;专委会和政协委员可以进行科学的调查研究,同时将其中反映较为普遍的、涉及面较广的问题集中起来,以会议形式向有关部门发布,邀请国家机关、政府有关部门负责人就该问题向政协说明、介绍情况,政协也可以通过咨询的方式进一步了解情况,提出更深层次的问题。建立民主监督意见专报机制,畅通和规范沟通环节,将各民主党派的监督意见集中起来使之系统化、

条理化,推进监督意见的公开化与透明化。建立合理的民主监督评价机制,科学评估民主监督的实际效果,以增强民主监督的约束性和有效性,监督对象要自觉接受政协委员的监督,对监督意见做到及时、有效回应,在进行认真研究后吸收合理部分加以改进,监督主体要主动、切实履行民主监督职能,致力于提高监督质量,坚持合理、适当的监督方式。建立民主监督的激励机制,对敢于和善于监督,在履行民主监督职能过程中发挥重要作用的政协委员,以及自觉接受民主监督、虚心采纳政协意见、积极改进的党政部门或党政干部予以奖励,发挥其积极的示范效应。

人民政协应进一步强调发挥各民主党派和无党派人士在民主监督中的作用。各民主党派和无党派人士作为政协的重要参加单位履行政协组织对国家机关及其工作人员的监督职能,并与中国共产党在人民政协内实施互相监督。为此,应当尊重和保障各民主党派在政协各种会议上以本党派名义发表意见的权利,尊重和保障各民主党派和无党派人士开展视察、提出提案、举报、反映社情民意以及参与调查和检查活动的权利,并发挥担任特约监督人员的政协委员中民主党派成员和无党派人士的作用。

此外,政协委员作为民主监督主体,应充分认识民主监督的现实意义、政治内涵和重要作用,不断提高政治责任感和政治敏锐性;要努力发现和提出问题,并通过政协组织系统规范的工作去争取解决问题,真正代表社会各界行使民主监督权利,对党委、政府的工作提出建议、批评和意见,积极推进党委和政府的工作;要掌握必备的理论知识,不断提高深入调查研究的能力和水平,将调查研究作为开展民主监督的重要方式;要不断提高提意见、建议的水平,既要准确、正确地提出问题,又要能提出切实可行、可操作性的改进措施或解决问题的方案,做到有理、有据、有力,有针对性、可行性和操作性,从而保证民主监督的实效性。

(三)切实发挥参政议政的职能,扩大公众的意见表达与有序政治参与

人民政协的参政议政是指对经济、政治、文化、社会和生态文明中的重要问题及人民群众普遍关心的问题开展调查研究,反映社情民意,进行协商讨论,以调研报告、提案、建议案或其他形式,向党和国家机关提出意见和建议。

在新时期,人民政协应充分调动政协委员的积极性,形成工作合力。通过健全组织机构、强化激励措施、开展学习培训等办法,激励和调动广大委员参政议政。政协要依据各界别特点,指导界别小组开展参政议政活动,组织委员学习参政议政方法,有针对性地指导政协委员积极围绕党委、政府部门关注的重点热点问题、社会焦点问题等开展具有界别特色的调研,以便引起党和国家机关的足够重视,提高参政议政的质量。为此,应密切关注人民群众的意见表达,通过实地调查、网络、媒体等多种途径公开收集民意,搭建政协与群众的沟通平台。政协要根据界别组成的特点和优势,以本界别共同关心、专业性较强的问题为主题,组织安排以界别委员或相近界别委员为主体的调研、视察活动;对一些涉及面较广的调研课题,可以组织开展跨界别的调研视察活动,实现优势互补,从而做到调研内容与界别优势的结合和互动。人民政协应组织委员认真开展参政议政活动,将常规调研和视察成果、政协委员的意见和建议,借助统一的、固定的信

息媒介及时送达党政机关,使之了解政协建言献策的重要作用,并抓好跟踪落实工作。

人民政协可以定期召开专题议政会,由各界别代表、政协委员、专家参与讨论,提出重要的参考意见和建议,并尽可能邀请党委、政府领导和有关部门主要负责人到会,面对面听取意见和建议,促进党委和政府决策民主化、科学化。政协应要求参加议政会的委员事前做好深入调查研究,提高意见和建议的针对性、操作性和建设性,有关部门要吸收好、转化好议政会的研讨成果,并制定出相应措施,进一步促进部门工作质量的提升。

二、周恩来人民政协思想对坚持和完善多党合作制度的指导作用和借鉴意义

中国共产党领导的多党合作和政治协商制度,是中国特色社会主义政党制度,是中国特色社会主义的重要组成部分。这一制度是在中国共产党与各民主党派、各种社会力量广泛合作的历史基础上建立起来的,其发展和完善也离不开民主协商、广泛合作、互相监督这些历史传统,离不开统一战线、人民政协事业的发展。周恩来人民政协思想是统一战线和人民政协实践的理论反映,在坚持党的领导、广交朋友、政治协商、民主监督等方面都形成了较全面的总结,多党合作制度的发展和完善,需要吸收这些养分,在此基础上不断开拓创新。

(一)完善多党合作制度要坚持与改善党的领导,加强党的自身建设

加强中国共产党的领导是实现多党合作的前提,它决定着

多党合作的性质和方向,也决定着统一战线的性质和方向。在中国,共产党是中国工人阶级的先锋队,同时是中国人民和中华民族的先锋队,是中国特色社会主义事业的领导核心,也是社会主义民主政治建设的领导核心。其坚持全心全意为人民服务的宗旨,并围绕"人民当家做主"开展国家建设与自身建设,真正体现出立党为公、执政为民的基本理念。中国共产党的领导地位是人民群众的历史选择,党要求自身始终代表中国先进生产力的发展要求,代表中国先进文化的前进方向,代表中国最广大人民的根本利益,其中的"始终"一词不仅说明党致力于代表群众根本利益的连贯性与长期性,而且指明其致力于此重要定位的时代性与先进性。因此,只有坚持和改善党的领导,推进党的各项建设,才能始终保证社会主义现代化建设的正确方向,才能充分调动一切可以调动的力量参与社会主义各项事业之中,使党在多党合作和政治协商中真正发挥中流砥柱的作用,巩固和完善中国特色政党制度,这就要求:

坚持党的集体领导制度。党的集体领导制度是民主集中制原则在党的领导活动中的具体运用,是党的领导得以正确实施的重要保证,其基本内涵是集体领导和个人分工负责相结合、兼顾民主与效率。党的集体领导强调领导主体非个人或少数人,所有党委成员都应积极、平等地行使参与党委重大问题决策的权利和义务。在党委集体讨论决定之后,党委成员要明确分工负责部分工作,将工作落到实处以体现集体领导意志。坚持和贯彻党的集体领导制度,要求明确划分党委应处理的重大问题和日常工作,正确处理党委日常事务负责人与其成员之间的关系,严格实行一人一票制,建立健全党委议事规则、报告制度、表决制度等。这其中,发扬和扩大党内民主是推进党的集体领导的有效途径,有利于促成和谐包容的党内生活氛围,有力防止权利不平等、个人独断等不良现象出现。

扩大党内民主。党内民主是党的生命,具有规范权力、整合组织、激活制度与提高能力的功能。[①]其主要载体是以党代会为核心的各级代表制度、委员会制度,要求尊重党员主体地位,保障党员的民主权利;完善党的地方各级全委会、常委会工作机制;完善党内民主决策和监督制度,推行地方党委讨论决定重大问题和任用重要干部"票决制";建立健全中央政治局、地方各级党委常委会向全委会定期报告工作并接受监督的制度等;改革党内选举制度,采用"两推一选""公推直选"等形式扩大基层党组织领导班子的直接选举范围。党内民主对人民民主的发展具有示范和带动作用,是中国社会主义民主发展的特色途径。强化党内民主能够有力体现党员的主体地位,扩大党员内部参与,实现党员权利与义务的统一,能够对社会内部民主因素成长产生良好的示范效应,增强人民群众对党的自觉性认同,促进人民民主在稳定、良好政治条件下的实质性发展。

强化党的各项建设。党的建设是中国革命胜利的三大法宝之一,也同样是中国建设成富强、民主、文明、和谐的社会主义现代化国家的根本动力保障。新时期的党建工作要求坚持以改革

---

① 林尚立:《有序民主化:论政党在中国政治发展中的重要作用》,《吉林大学社会科学学报》,2004年第6期。

的精神推进、突出重点推进和整体协调推进党的建设,把党的执政能力建设和先进性建设作为主线,坚持党要管党、从严治党,全面贯彻为民、务实、清廉的要求,以坚定理想信念为重点加强思想建设,以造就高素质党员、干部队伍为重点加强组织建设,以保持党同人民群众的血肉联系为重点加强作风建设,以健全民主集中制为重点加强制度建设,以完善惩治和预防腐败体系为重点加强反腐倡廉建设。共产党员要致力于不断提升自身的政治素质,坚定不移地贯彻执行党的路线、方针和政策,并增强同党外人士合作共事的思想意识,以体现平等、发扬民主为行为标准,以保持先进性与纯洁性为发展要求,树立党在党外人士中的良好形象。

(二)完善多党合作制度要不断加强参政党建设

中华人民共和国成立后,周恩来十分重视民主党派问题,指出在共产党的领导下,民主党派在宪法赋予的权利义务范围及六条政治标准内,拥有充分的政治自由和组织独立性,各民主党派既要推动自己的成员积极参加各自岗位上的建设工作,也要参加各种政治活动。

伴随时代的演进和经济、社会结构的变迁,当今各民主党派已发展成为致力于建设社会主义经济、政治、文化、社会事业的参政党,成为融合进步性与广泛性、同共产党通力合作的亲密友党。民主党派的政治联盟性质标志着他们属于中国人民的范围。他们在中国共产党的领导下,参加国家政权,参与国家大政方针和国家领导人选的协商,参与国家事务的管理,参与国家方针、政策、法律、法规的制定和执行。参政党与执政党可就国家重大方针政策和主要事务在决策前和决策执行过程中进行协商；参与国家政权、参与政府和国家司法机关管理，选举为人大代表或直接担任政府与国家司法机关的领导职务；在人民政协的主席会、常委会、委员会、委员全体、各专门委员会上提出提案、建议；深入群众开展调查研究，积极建言献策，反映社情民意等等。这充分体现出民主党派在多党合作和政治协商这一基本政治制度框架下所处的重要地位，及在国家政治生活中所发挥的积极作用。

在新时期，进一步完善中国特色政党制度离不开落实以上政策、措施以强化各民主党派的政治自由性，保证其在坚持四项基本原则，在不违反宪法和法律规定，在严格遵守人民政协章程和各自章程的前提下，拥有广泛且规范的政治自由，倡导求同存异、和谐包容的政治环境。完善中国特色政党制度同时离不开明确民主党派的"接受领导"的地位以保障民主党派的组织独立性，要求党应支持民主党派独立自主地处理内部事务，坚持不介入、不干涉、不包办、不代替的原则，并支持其独立自主地开展各项建设性工作和社会活动。

新时期还应加强参政党建设以不断培养和提升各民主党派的参政能力。参政党应以思想建设为核心，提高成员的政治素质和思想道德水平，巩固与中国共产党合作的思想根基；以组织建设为基础，保证顺利实现政治交接，推进参政党队伍的可持续发展；以制度建设为保障，坚持民主集中制，建立完善适合参政党特色的民主生活、联系基层制度等，将自身建设提高到新的水平。在突出强调参政能力建设的同时，强化政治把握能力，坚持正确的政治方向和政治立场，增强政治鉴别力和政治敏锐性，经受住各种困难与风险的考验；强化参政议政能力，树立正确的参政理念，挖掘丰富的参政资源并健全科学的参政方式；强化合作共事的能力，增强主动性、发挥创造性，积极与中国共产党一同推进社会主义各项事业持续发展；强化组织领导能力建设，建立健全科学完备的组织系统和工作机制，坚持一切从实际出发，深入基层，掌握民情、体察民意、倾听民声，反映他们的利益诉求与合理建议。

（三）完善多党合作制度要致力于发展合作型政党关系

周恩来明确提出，中国共产党与各民主党派之间的关系是一种合作关系，会一直持续到将来社会的发展不需要政党时为止。这一基于政党发展的有力论述更突出强调了中国共产党与各民主党派之间通力合作的长期性与重要性。当今，致力于发展合作型政党关系不仅是中国坚持多党合作和政治协商制度的内在要求，而且在密切党群关系、维护社会安定方面具有明显的政治优势。这体现为合作型政党关系既能扩大人民群众的政治参与，融合社会各阶层利益，又有利于形成统一的意志和团结的力量，为社会政治参与提供多元化、制度化的组织、程序与途径；既可避免多党制容易造成的政治不稳定，又可避免一党制过分集中权力、无法及时回应社会发展需要而滋生的官僚主义现象；既可体现严格的统一与权威，又可促进并保障政党决策的科学化与民主化。

在新时期，发展这一合作型政党关系的基本要素包括：

建设中国特色社会主义是合作型政党关系的共同目标。建设中国特色社会主义是中国共产党治国理政与民主党派参政议政的共同目标,也是中国实践多党合作的基本政治共识。长期以来,中国共产党与各民主党派都在致力于促进社会生产力的持续发展和社会进步,实现和推进人民民主进程,保持国家稳定和社会团结。这一政治目标与根本利益上的一致性,能够有效地调动中国共产党与各民主党派合力开展各项工作的积极性,并为不断实现中国合作型政党关系的深入发展提供指导方向。

团结和谐是合作型政党关系的基本要求。坚持与维护中国特色政党关系的团结和谐场域,不仅可以为和谐社会产生重要的示范效应,而且有利于巩固和发展多党合作的政治格局、推动中国社会主义民主政治建设。中国政党制度的"1+8"模式客观上需要实现两个和谐,即中国共产党和各民主党派内部和谐,以及中国共产党与参政党之间的团结友好氛围。这就要求中国共产党和各民主党派在执政、参政过程中,始终坚持求同存异、和而不同的原则,倡导互相尊重、平等相待、民主协商、真诚合作,更好地营造包容、自由、融洽的政治环境。

人民政协是合作型政党关系的主要运行平台。人民政协是中国共产党领导的多党合作和政治协商的重要机构,是中国爱国统一战线的组织,是参政党参政议政、充分表达意见和主张的主要场所。人民政协应坚持围绕团结和民主两大主题,切实履行政治协商、民主监督、参政议政的职能并实现其制度化、规范化和程序化发展。要围绕中心、服务大局,突出特点、发挥优势,努力促进参加政协的各党派、无党派人士开展协商,要广泛联系社会各界人士,畅通反映社情民意的渠道,广开言路、广揽人才、广求良策、广谋善举,巩固并发展民主团结、生动活泼、安定和谐的政治局面。

互相监督是合作型政党关系的重要保障。"长期共存、互相监督、肝胆相照、荣辱与共"是中国多党合作的基本方针，其中的"互相监督"体现为双向的高层次的政治监督。由于中国共产党处于领导和执政地位，所以来自民主党派对执政党的监督就尤为重要。具体而言，民主党派的监督是通过提出意见、批评、建议的方式，对国家宪法、法律和法规的实施，重大方针政策的贯彻执行，国家机关及其运作进行的民主监督。各民主党派的监督紧密地结合与渗透于政治协商和参政议政之中，它不同于法律监督与行政监督，也因而具有广泛性、灵活性与多样性的特点。它一方面有利于充分发挥民主党派的积极作用，集思广益，促进中国共产党的民主决策与科学决策，另一方面又因其非权力性的"柔性"特征，不至于对决策和执行机关形成直接干涉和牵制而影响工作效率。作为发扬社会主义民主的重要渠道，互相监督是人民民主权利的重要体现，也成为中国特色社会主义合作型政党关系的必要原则。

三、在周恩来人民政协思想基础上发展社会主义协商民主，丰富民主形式，不断完善中国特色社会主义民主

2006年，中共中央在《关于加强人民政协工作的意见》中明确指出："人民通过选举、投票行使权利和人民内部各方面在重大决策之前进行充分协商，尽可能就共同性问题取得一致意见，是我国社会主义民主的两种重要形式"。这是中国共产党经过长

期探索在建设中国特色民主政治的理论和实践方面取得的重大成果。党的十八大报告再次强调"社会主义协商民主是我国人民民主的重要形式",提出要"健全社会主义协商民主制度",以及一系列健全社会主义协商民主的途径。这为社会主义协商民主获得巨大发展奠定了基础。周恩来人民政协思想是社会主义协商民主的重要源泉。早在人民政协成立初期,周恩来就提出过关于协商民主的思想,强调"新民主的精神在于协商",并对协商的制度建设和实践有着重要论断。他有关协商民主的许多设想对今天仍然有现实意义。

(一)以人民政协为载体,不断加强政协的协商作用,不断推进与完善社会主义协商民主制度

人民政协的协商民主在中国政治生活中有着重要的地位。1954年12月19日,毛泽东在论述人民政协的性质时就曾经说过:"人民代表大会是权力机关,有了人大,并不妨碍我们成立政协进行政治协商。各党派、各民族、各团体的领导人物一起来协商新中国的大事非常重要。宪法草案就是经过协商讨论使得它更为完备的。人大的代表性当然很大,但它不能包括所有的方面,所以政协仍有存在的必要。"[①]这表明,人民政协的协商民主作为区别于人大选举民主的民主形式,是与中国的社会主义制度相伴随的,人民政协虽然不是政权机关,但是其在民主协商方面的作用对整个社会而言是基础性的。实行协商民主,既能够坚

---

① 中共中央文献研究室、中央档案馆编:《建国以来毛泽东文稿》(第四册),中央文献出版社,1990年,第633~634页。

持中国共产党的领导，又可以充分发扬民主，符合中国民主建设的现实需求；通过协商民主形式，人民群众的根本利益和具体利益，长远利益和眼前利益，整体利益、局部利益和个人利益得到有效统筹。

人民政协的协商民主已经形成长时间的积累和丰富的经验。协商民主的传统是从统一战线发展而来的，各时期的统一战线，主要是建立在协商基础上的，协商民主是主要民主形式。中华人民共和国建立前后，中国人民政治协商会议在建立政权等方面发挥举足轻重的作用，其发挥作用的主要方式也是协商民主。作为统一战线组织的人民政协在社会主义时期仍然继续存在和发展，协商民主也发展到更高阶段。改革开放以来，在人民政协事业的发展中协商民主的具体做法日臻完善，经验积累也日益丰富。

人民政协有实行协商民主的优势。作为统一战线的组织，人民政协是各政党、人民团体、社会各界别交流合作的平台。在这个平台上，各种社会利益诉求都可以得到展示的机会；通过协商交流，各种利益诉求可以相互了解，增进认同；在国家整体利益的高度上，各种利益诉求又可以达成一致。人民政协不是权力机关，不具有强制性，因此其活动形式只能是协商，包括执政党，在这里仅仅是协商的一方。人民政协的这些特征决定了其内部的民主形式只能是协商民主，而不能简单地实行竞争性民主、多数决定。

协商民主是通过多种形式来实现的。比如，中国共产党与各民主党派之间的协商与合作，就可以通过以下多种方式进行：一是民主协商会。中共中央主要领导人邀请各民主党派主要领导人和无党派的代表人士，就中共中央将要提出的大政方针问题进行协商。这种会议一般每年举行一次。二是小范围谈心会。中共中央主要领导人根据形势需要，不定期地邀请民主党派主要领导人举行高层次、小范围的谈心活动，就共同关心的问题自由交谈、沟通思想、征求意见。三是座谈会。由中国共产党召开民主党派座谈会，通报或交流重要情况，传达重要文件，听取民主党派提出的政策性建议或讨论某些专题。这种会议大体每两个月举行一次，重大事件随时通报。有的座谈会亦可委托中共全国政协党组举行。四是书面建议。除会议协商外，各民主党派还可就国家大政方针和现代化建设中的重大问题向中共中央提出书面的政策性建议，也可与中共中央负责人交谈。①

(二)以"两会机制"为平台，不断提升两会的协同性，探寻两会机制的长效机制

1954年以后，人大与政协各有不同的职能。政协的主要职能是政治协商、民主监督、参政议政，而人大的主要职能是行使立法和依法监督的权力，人大和政协互为补充，相得益彰。凡是有关国计民生的重大问题，都要经过政协进行协商，广泛听取各民主党派、各人民团体、各族各界人士的意见，同时由人民代表大会进行决策，然后由政府组织实施，有利于将人民群众的更多利益诉求带入国家政治生活，实现决策的民主化和科学化。

人大与政协是性质不同的组织，不同之处体现在，一是代表

① 郭定平:《政党与政府》,浙江人民出版社,1998年,第138页。

和委员的产生方式不同。人大代表是依据地域范围由选民选举产生，而政协委员是依据不同界别由协商方式产生。二是活动范围不同。人大代表是在横向划分的地域范围内活动，政协委员是在纵向划分的界别内活动。政协能弥补人大在联系群众、反映群众意见方面的不足之处，两者相结合能够有力保证代表、委员所代表利益的广泛性以及利益结构的合理性，共同体现出人民当家做主的基本政治理念。三是活动效果不同。人大遵循少数服从多数的原则，人大的决议和监督具有法律的强制性，而政协遵循求同存异的原则，政协的协商和监督没有法律的约束力，是一种致力于团结广大群众，积极发扬人民民主的协商和监督。

基于此，在新时期应着力于人大与政协的有机性与协同性建设，这就要求：召开人民代表大会时，政协委员应列席认真听取政府工作、计划和财政等重要工作报告，提出意见和建议，供人大审议和批准报告时参考；政协各专门委员会主任和政协秘书长可列席听取和讨论人大常委会的有关报告，并提出意见和建议；政协和人大的专门委员会可对口联系，共同组织专题调查、检查等活动；政协常委会议、主席会议就属于人大常委会职权范围内的重大问题提出建议案，送请人大常委会进行处理。

同时，应进一步重视"两会"联系机制建设，拓宽二者功能协作领域，建立有效的信息沟通。今后，应积极鼓励人大代表与政协委员在提案和议案工作方面强化协作，集中力量处理党政机关、社会群众关注的热点问题，对其中人大代表、政协委员共同提出的问题，可以依据议案、提案办理的相关规定，探索实践联合交办、共同督办的协作形式。应加强二者组织联合调研和视察工作机制,使人大与政协在闭会期间能够保持常态化合作,不仅有利于节约二者独立开展此项工作的经费开支,而且有助于提高调研和视察的工作水平,在过程中强化二者的相互联系、相互监督,保证调研视察工作的有效性与真实性。人大和政协之间应建立多元的信息沟通机制,人大、政协的重要活动可以互邀成员参会指导,人大、政协干部可以根据工作需要不定期召开联席会议,及时通报相关工作的进展情况,也可以通过相互交流年度工作计划、互送有关会议文件、简报等,增进二者对有关重大事项的了解,以保持工作上的协同性与互益性。此外,进一步加强人大与政协之间通过专业委员会的对口合作,从专业、具体层面开展工作,细化共同工作的内容与形式,更有利于推进不同工作的有力开展,促进合作向更深层次发展。

(三)在实践中不断发扬人民政协协商民主的优势,扩大公民有序政治参与,调节各种社会矛盾

公民政治参与是现代民主社会的重要特征。与西方国家多元主义模式下的竞争性政治活动不同,中国主张公民有序的政治参与,这样既能保护公民的政治权利,实现其利益诉求,又能维护稳定的政治局面,避免社会动荡。人民政协协商民主的发展,对扩大公民有序政治参与有重要意义。人民政协由不同界别构成,代表着不同界别的利益和呼声,在政协的平台上,所有成员享受平等的政治权利,都能充分表达不同的意见和诉求。在人民政协中,各界别代表反映和维护各自利益,不是通过竞争与对立的方式进行,而是广泛、充分地协商讨论。通过政协会议等形式,就经济社会发展的重大问题进行充分的、民主的、平等的、真

诚的协商讨论；通过提出意见、批评和建议等方式，对法律法规的实施和国家重大方针政策的贯彻执行等情况进行民主监督；通过调查研究、专题视察、咨询论证等途径，了解和反映社会不同阶层、不同群体的愿望和要求。这种以平等协商为核心的活动方式，既能够把社会各阶层引导到建设社会主义现代化的大目标上来，又能够使各个社会阶层都有表达自己利益的组织和渠道，有效地避免了各种非制度化参与所引起的社会动荡，有利于及时、有效地化解矛盾，创造和谐稳定有序的社会环境。①

　　人民政协的协商民主在充分尊重各方面的利益与意愿的基础上，为各种利益主体甚至是利益相互矛盾或对立各方提供了对话和交流的平台，并在协商的基础上达成共识。由于是各种利益主体在平等交流和协商的基础上所达成的共识，所以即使是无法满足所有相关方的"最优选择"的最终决策，也是能够被普遍理解的。在这样公开、透明的交流、对话过程中，各种利益矛盾得到释放的途径，并在各方都可以接受的前提下达成共识，从而有效地舒缓了社会矛盾。

---

① 参见唐晓清、牟广东:《人民政协在扩大公民有序政治参与中的制度优势与实践路径》,《人民政协报》,2010年7月21日。

参考文献

1. ［英］迪克·威尔逊:《周恩来传》,国际文化出版公司,2011年。

2. 福琨、邓群主编:《中共中央南方局的统一战线工作》,中共党史出版社,2009年。

3. 刘焱主编:《周恩来早期文集》(上下卷),南开大学出版社,1993年。

4. 《马克思恩格斯选集》,人民出版社,1995年。

5. 马永顺:《周恩来与人民政协》,中国文史出版社,2004年。

6. 《毛泽东选集》,人民出版社,1991年。

7. 《毛泽东书信选集》,人民出版社,1983年。

8. 全国政协秘书处编印:《中国人民政治协商会议资料选集》(第三册),1962年。

9. 全国政协研究室编:《中国人民政协全书》,中国文史出版社,1999年。

10. 政协全国委员会办公厅、中共中央文献研究室编:《人民政协重要文献选编》,中央文献出版社、中国文史出版社,2009年。

11. 石光树编:《迎来曙光的盛会——新政治协商会议亲历记》,中国文史出版社,1987年。

12. 童小鹏:《在周恩来身边四十年》,华文出版社出版,2006年。

13. 张平夫主编:《人民政协概论》,中央编译出版社,2008年。

14. 政协全国委员会办公厅编:《开国盛典》,中国文史出版社,2009年。

15.《政协提案工作资料汇编》,中国文史出版社,1988年。

16. 中共中央文献研究室、中央档案馆编:《建国以来周恩来文稿》,中央文献出版社,2008年。

17.《中共中央文件选集》,中共中央党校出版社,1991年。

18. 中共中央统一战线工作部、中共中央文献研究室编:《周恩来统一战线文选》,人民出版社,1984年。

19.《中共中央解放战争时期统一战线文件选编》,档案出版社,1988年。

20. 中共中央文献研究室编辑委员会编:《周恩来选集》(上下卷),人民出版社出版,1980、1984年。

21. 中共中央文献研究室、中共南京市委员会编:《周恩来一九四六年谈判文选》,中央文献出版社,1996年。

22. 中共中央文献研究室编:《周恩来年谱:1898—1949》(修订本),中央文献出版社,1998年。

23. 中国人民政治协商会议全国委员会研究室、中共中央文献研究室第四编研部编:《老一代革命家论人民政协》,中央文献出版社,1997年。

24. 中央文献研究室编:《周恩来年谱》(一九四九——一九七六)上中下卷,中央文献出版社,1997年。

25.《周恩来经济文选》,中央文献出版社,1993年。

26.《周恩来书信选集》,中央文献出版社,1988年。

后　记

　　《周恩来人民政协思想研究》作为全国政协承担的马克思主义理论研究和建设工程重大项目"中国特色社会主义人民政协理论研究"的子课题，立项于2010年，由天津市政协和南开大学合作完成。2012年初步成稿后，在全国政协理论研究会的帮助下，通过召开座谈会、请专家外审等方式，广泛征求意见，经过五次修改后终于成稿。在课题写作过程中，全国政协理论研究会、天津市周恩来邓颖超纪念馆等部门和单位在学理上、资料上为我们提供了很多帮助，在此课题组表示衷心的感谢！

　　本课题由张建（天津市政协常委、天津市政协原副秘书长、天津市政协理论研究会秘书长）、朱光磊（南开大学党委常委、南开大学副校长）担任组长。参加课题研究和写作的有徐行（第一章、第二章）、薛琳（第一章）、王海峰（第二章）、于雁（第三章）、盛林（第三章）、刘兰欣（第四章）、张九海（第四章）、王威（第五章）、薛立强（第六章）、郭道久（第七章）、霍佳佳（第七章）。

《周恩来人民政协思想研究》课题组

2017年12月